コンパクト 憲法入門

抱　喜久雄 編

不磨書房

編者 抱　喜久雄

執筆者紹介

（執筆箇所）

奥村　文男（おくむら　ふみお）　大阪国際女子大学教授　5, 10, 14

抱　喜久雄（かかえ　きくお）　京都薬科大学助教授　2, 6, 8, 13

野畑健太郎（のはた　けんたろう）　和歌山県立医科大学教授　3, 4, 7, 11

吉川　智（よしかわ　さとし）　国士舘大学教授　1, 9, 12, 15

― ［五十音順］

はしがき

　わが国は昭和22年5月3日に施行された日本国憲法の下で，奇跡ともいわれる復興を遂げ，その後永らく平和と繁栄を享受してきました。しかし，いわゆるバブル経済の崩壊後，政治は求心力を失い，景気も浮上の気配をみせてはいません。そうした政治・経済の状況を反映するかのように，人々を震撼させる凶悪犯罪が多発し，社会は殺伐とした雰囲気に包まれています。このような混沌とした状況のなかで，将来に不安を感じている人も多いように思われます。日本を今後どのような国にしていくのか，経済をどのように建て直していくのか，社会をどのように変えていくのかは難問ですが，だからといって他人任せにすべき事柄ではなく，私たち自身が考え，議論し，行動していかなければならない問題です。

　ところで，憲法は国家の根本法あるいは基本法であるといわれます。それは国家の仕組み，国政のあり方，国家の安全保障などに関わるとともに人権保障をはじめ私たちの日常生活に密接に関連しています。したがって，現在私たちが直面している問題は，究極的には根本法である憲法に深く関わっているということになります。日本国憲法についてはこれまでにもさまざまな評価がなされてきましたが，平成12年1月20日には衆参両議院に憲法調査会が設置され，憲法改正をも視野に入れた議論がいよいよ本格化してきました。私たちは調査会の活動と議論を見守っていかなければならないのはもちろんですが，同時に，私たち自身が私たちの将来を見据えて，現行憲法に問題があるのかないのか，あるとすればそれにどのように対応していくのかを真剣に考えなくてはなりません。ただその際，憲法についてのある程度の基本的な知識が要求されるでしょうし，そのための適切なテキストも必要になってくるでしょう。

　私たち奥村・野畑・吉川・抱の4人は日頃研究会などで顔を合わせることも

多く，講義の実情などを話し合っているうちに，何か新しいスタイルの入門書をということになりました。すでに，特色をもった多くの憲法のテキストや参考書が出版されており，そのいずれもが知識を得るのに有益なものばかりですが，ただ，日本国憲法を体系的に論じるものが主流で，憲法を初めて勉強しようとする人にとっては何となくとっつきにくいものが多かったのではないでしょうか。そのような点を考慮しつつ，数度の研究会を経て出来上がったのが本書です。

　初めて憲法を学ぶ人を対象に，憲法が私たちの生活にいかに密接に関わっているかを認識し，そのうえで現行憲法の内容を少しでも理解してもらうことを目的としました。そのために，あえて憲法全体を体系的に解説することは止め，憲法に関わる基本的な問題を15のテーマに整理したうえで，できるだけ平易な解説を加えるよう心がけました。『コンパクト憲法入門』たるゆえんです。また，各テーマの冒頭で関連条文を掲げることによって，テーマと憲法との結び付きがすぐに分かるようにしました。さらにコラムの欄で用語解説や重要判例の紹介をするとともに，図表や参考となる資料を掲げることで問題を理解しやすくなるように配慮しました。本書を手にされた人が憲法に関心をもち，その理解を少しでも深めていただければ幸いに思います。

　なお，本書の執筆に際しては多くの先生方の著書・論文などを参照させていただきましたが，紙幅などの関係から逐一これを明示することは省かせていただきました。ご寛恕の程をお願いする次第です。

　最後になりましたが，本書の出版にあたり，不磨書房の稲葉文彦氏には大変お世話をおかけしました。執筆者一同心より御礼申し上げます。

　　平成12年9月

　　　　　　　　　　　　　　　　　　　　　　　　編者　　抱　喜久雄

目　次

はしがき

1 ■ 憲法とはどのような法なのか？ ……………… 2
1　国家と憲法との関係　2
2　憲法の意味と種類　4
3　憲法の特質および条約との関係　8
4　日本国憲法の基本原理　11

2 ■ 人権の保障とは何か？ ……………………… 18
1　人権保障の意義　18
2　日本国憲法における人権保障　21
3　人権の保障範囲　25
4　人権の国際的保障　27

3 ■ 自己決定権とは何か？ ……………………… 30
1　なぜ自己決定権なのか　30
2　自己決定権の法的根拠　31
3　自己決定権には何が含まれるか　33
4　医療における自己決定権　40

4 ■ 男女は平等なのか？ ………………………… 44
1　「平等」とは　44
2　憲法の「平等」保障　47
3　男女の平等　53

5 ■ 宗教はどこまで許されるか？ ……………58
1 信教の自由　*58*
2 信教の自由と政教分離　*62*
3 宗教法人と政治活動　*68*

6 ■ ポルノは無価値なのか？ ……………*70*
1 表現の自由の意義　*70*
2 表現の自由の内容　*74*
3 制約とその審査基準　*77*

7 ■ クーラーはぜいたく品なのか？ ……………*82*
1 クーラー撤去事件　*82*
2 生存権とは　*83*
3 憲法25条の意味は　*86*
4 生活保護行政の実態　*90*

8 ■ 死刑は残虐な刑罰なのか？ ……………*94*
1 死刑をめぐる2つの判決　*94*
2 犯罪と刑罰　*97*
3 死刑制度　*100*
4 被疑者・被告人の人権　*103*

9 ■ 平和主義は理想にすぎないか？ ……………*106*
1 9条の解釈　*106*
2 政府の有権解釈と戦力の意味　*112*
3 集団的自衛権　*114*
4 自衛隊の国連PKO参加　*115*

10 ■ 象徴天皇制とは何か？ ……………………………… 122
1　象徴とは何か　*122*
2　天皇の機能　*126*
3　君主制の沿革と現状　*129*
4　象徴天皇制の問題　*132*

11 ■ 国会の役割とは何なのか？ …………………………… 134
1　議会の役割　*134*
2　国権の最高機関　*136*
3　国の唯一の立法機関　*138*
4　代表議会制　*143*

12 ■ 内閣の役割とは何なのか？ …………………………… 148
1　議院内閣制　*148*
2　内閣の構成　*152*
3　内閣の権限　*156*
4　内閣の責任　*162*

13 ■ 裁判所の役割とは何なのか？ ………………………… 164
1　裁判所の役割　*164*
2　裁判所の組織と権能　*167*
3　司法権の独立　*171*
4　司法制度改革　*172*

14 ■ 地方の時代は来るのか？ ……………………………… 176
1　地方自治の意義と沿革　*176*
2　地方自治保障の基本原則　*177*
3　地方公共団体の機関と権能　*179*

  4 住民の権利 *183*
  5 地方の時代 *184*

15 ■ 憲法改正は必要か？ 188
  1 憲法改正とは何か *188*
  2 憲法改正の限界 *193*
  3 憲法の変遷 *197*

引用文献（略語表）・参考文献
事項索引

コンパクト 憲法入門

1 ■ 憲法とはどのような法なのか？

【関連条文】
第98条【最高法規，条約及び国際法規の遵守】
① この憲法は，国の最高法規であつて，その条規に反する法律，命令，詔勅及び国務に関するその他の行為の全部又は一部は，その効力を有しない。
② 日本国が締結した条約及び確立された国際法規は，これを誠実に遵守することを必要とする。

1 国家と憲法の関係

ミレニアムの日本では，何かにつけて日本国憲法（以下，とくに断らないときは憲法という）が取り上げられています。従来から主張されてきた護憲・改憲論議に加えて，「論憲」，「修憲」，「追憲」のみならず「棄憲」の新用語までが作り出されるほどに，いま憲法の議論が高まっています。これは国会の中に「憲法調査会」が久しぶりに設置されたことからもうかがうことができます。

では，よく耳にするこの「憲法」という法は，いったいどのような法なのでしょうか。また，現行憲法は私たちの国民生活とどのような関係を有しているのでしょうか。いいかえるならば，憲法と日本という国家との関係はどのようになっているのでしょうか。

COLUMN

「憲法」という用語の意味は

憲法は，英語では Constitution もしくは Constitutional law であり，ドイツ語では Verfassung もしくは Varfassungsrecht と表現されます。意味からすると，組織や構造という内容です。つまり国家の組織や構造（仕組）を定める法が憲法というわけです。

「憲法」という用語の由来は

「憲法」とはもちろん漢字ですから，そもそも中国から日本に伝来した言葉です。古くは中国の周の時代（紀元前700～800年頃）に書かれた『国語』（普語篇九）の中に出てきます。日本での使用は，推古天皇12年（西暦604年）の『十七条憲法』が初めてとされています。ともに一般法的な，道徳的な内容を含んでいました。

憲法が今日的意味で使用されるようになったのは

日本で「国家の根本法」というような今日的意味で使用されるようになったのは，幕末から明治にかけてのことでした。それまでの日本では鎖国政策がとられていましたが，早くも西欧の法制度を学ぼうとする人々がいました。ただし，西洋の言葉を日本語に置き換えるとき，それまでの日本人の頭のなかにまったく存在しない事柄を考えるわけですから，その苦労はたいへんなものであったと想像できます。たとえば，津田真一郎は『泰西国法論』中で，「権利」と訳さずに「権」もしくは「通権」と訳していました。同じように，憲法もこの言葉に落ち着くまでには，律例，根本律法，国制，国憲，建国法などと，人々がさまざまな訳を考えていたのです。

1つの命題として「憲法あっての国家か，国家あっての憲法か」ということが昔からいわれています（大石(義)）。この命題を他の言葉で表現すると，憲法が先かそれとも国家が優先するかということになるでしょう。国家そのものが政治的に不安定だったり，外敵の脅威にたえずさらされていたり，はたまた国民そのものが病気や食糧や教育の点などで不自由な状況に置かれているならば，どんなに優れたすばらしい憲法も国民生活には生かされないでしょう。国家が安定し，ほとんどの国民が安心して生活をおくることができて，憲法の理念や目的も達成することができるといえるでしょう。このように考えると，命題の答えは，明らかに「国家あっての憲法」ということになります。いずれの国家も自国の安全と国民生活の豊かさを求めて，そのうえで自国の憲法が示す理念や制度を実現しようと日々努力しているということができます。また，自

国の安定が近隣諸国との安定や友好につながる基本であり，ひいては国際社会の平和と共存に貢献することにもなると考えられます。

　インターネットの普及や経済のボーダレス化により，ややもすると国家というものが見失われる傾向にありますが，しかしながら，いまだ国際社会の構成単位が主として国家であること，また大いなる実験と呼ばれている「ユーロ（欧州連合）」のような機構でさえも，参加各国の国益というものが重要視されている現実を忘れてはならないでしょう。私たちは，憲法の理念や目的をより良く実現するためにも，国家というものに視点を置きつつ，日々学習することが大切と考えられます。

COLUMN

世界には，いまどれくらいの国々や人口が存在するのでしょうか

　世界には，約200余りの国家があります。また人口も年々増加し，ついに1999年10月には60億人を超えました。2050年には89億人まで増加することが予測されています（imidas 2000）。戦争や地域紛争，飢餓，難民，エイズ，食糧，地球温暖化などさまざまな問題に私たちは直面しています。

「ユーロ（欧州連合）」はどんな国々が参加しているのでしょうか

　EU加盟15カ国中で，とくにヨーロッパの通貨統合を目指した11カ国の連合で（非参加国は，イギリス・デンマーク・ギリシャ・スウエーデン），1999年1月に導入されました。参加国は，ドイツ・フランス・イタリア・ベルギー・スペイン・オランダ・ポルトガル・ルクセンブルグ・アイルランド・オーストリア・フィンランドですが，東欧諸国もこれへの参加を表明しています。2002年1月からユーロの通貨を開始し，参加国内では関税障壁の撤廃とともに自国通貨の撤廃が行われます。

2　憲法の意味と種類

　憲法の意味についてはさまざまに説明されますが，一般的には「憲法とは国

家の根本法である」ということができます。また，憲法が国家の根本法であるということは，国家という共同社会の組織やその活動および国民の権利保障のような多くの基本原則を定める法を意味します。憲法はすべての法の基礎をなすものであり，したがって，後の説明にあるように日本国憲法は，みずからがその最高規範性を示しています（98条1項）。

　ところで，憲法の意味については，大きく3つに分類して説明することができます。

(1) 憲法の意味
(i) 実質的意味の憲法

　この意味での憲法は，別に「本来的意味の憲法」とか「固有の意味の憲法」といわれるものです。どのような法であっても，実質的に見て国家の組織・活動・国民の権利義務および基本的な諸原則を内容とするものであれば，これを憲法とみなすというものです。「何々憲法」というように，憲法として特別の形式が与えられていなくてもよく，名称とは無関係です。ここでは定められている法内容そのものが問題とされます。具体的には，不文憲法国としてのイギリスやスウェーデンをあげることができます。これらの国には，特定の憲法典が存在しません。イギリスではマグナ・カルタをはじめとして王位継承法，権利章典，権利請願，人身保護法，議会法，ウェストミンスター法などが多数存在し，しかもこれらすべての法が「憲法レベルのもの」として取り扱われています。スウェーデンについても政体法，王位継承法，出版の自由に関する法律および表現の自由に関する基本法の四法から憲法全体が構成されています。

(ii) 形式的意味の憲法

　この意味の憲法は，他の法と区別して，憲法として特別の形式により法典化されたものをいいます。前述のイギリスやスウェーデンの国を除いてほとんどの国の憲法が，この形式的意味の憲法を採用しています。したがってまた成文憲法の考え方と同じ視点に立つものです。日本国憲法をはじめとして「国名＋憲法」でとくに区別される法のことです。形式的意味の憲法は，実質的意味の憲法と概ねその内容を同一にするのが普通ですが，なかには内容的に見て「こ

れが憲法なの?」というものも出てきます。たとえば,かつてのスイス連邦憲法25条の2には,麻酔による動物の屠殺方法が規定されていました。このように形式的意味の憲法であっても,なかには憲法規定らしからぬものを含んでいる場合もありますが,ともかくも憲法として特別の形式で定められているものをいいます。

(iii) 近・現代的意味の憲法

この意味の憲法は,憲法のなかに立憲主義(Constitutionalism)の政治思想が取り入れられているか否かという視点から見た分類のことです。18世紀末のフランス革命に代表されるように,それまでの専断的な権力行使を認めず,また立憲主義が打ち立てられることにより,政治形態の在り方が根本的に変化しました。立憲主義の具体的な内容としては,①国権濫用の防止,②権力分立主義の採用,③法治主義の確立(法の下の平等や法の支配という考え方の定着),④基本的人権の保障,⑤国民参政などをあげることができます。これらの価値は,今日までほぼ普遍的なものとしてほとんどの国家で採用され,また維持されてきています。たとえば,フランス人権宣言には「権利が保障されず,権力の分立が定められていないすべての社会は,憲法を有しているとは決していえない」(16条)という規定が見られ,前近代との明確な決別を意味しています。

ところで,そのフランス革命から210年以上が経過しました。21世紀の新たな価値基準として,これらの立憲主義以外にどのようなものが求められているのでしょうか。インターネットを始めとして高度情報化の爆発的発展により,世界がより狭くなった分だけ地域や民族の特殊性も顕著になってきています。既存の立憲主義の価値基準とともに,地域性,民族性,宗教性なども考慮した新たな価値基準も模索されなければならないでしょう(2「人権の保障とは何か?」参照)。

COLUMN
近代立憲主義から現代立憲主義へ,そして……
　近代立憲主義を考えるとき,国家の役割とは国民の経済的活動の確保,

社会秩序の維持にあると考えられ（夜警国家思想），したがって，人権も自由権中心の保障（19世紀的人権保障）にあるとされました。ところが，産業革命後の急激な資本主義の発展は，人類に物質の豊かさをもたらしはしましたが，反面では貧富の極端な格差や社会的・経済的弱者を生み出しました。そこで現代立憲主義の理念としては，行政国家や福祉国家という用語に見られるように，国家に国民の側に立った積極性を求めて，できるかぎり「国家による平等や自由」の確保が考えられてきています（20世紀的人権保障）。

ところで，21世紀を考えるとき，これまでの歴史的経験や反省が生かされなければなりません。たとえば，「あなたまかせ」の国民代表概念でよいのか，党利党略・離合集散に明け暮れる政党の役割とは一体何なのか，高齢化社会への国民全体の参加と意識改革など，問題は山積しています。ただ基本的にいえることは，国の内外を問わず，地域性，民族性，宗教性がどんなに異なっていても，何ものも排斥しないという「共存」「共生」の考え方が，21世紀の重要な鍵を握ることは極めて明らかなことと思われます。

(2) 憲法の種類

憲法は，その表現形式・改正の難易・制定の様式などにより，さらにこれを分類することができます。

(i) 成文憲法と不文憲法

表現形式による憲法の種別であり，成文憲法とは，特別の形式をもって法典化された憲法のことです。形式的意味での憲法とその概念を同じくします。不文憲法とは，反対にとくに憲法として法典化されていないが，しかし憲法レベルの法とみなされるものです。

(ii) 硬性憲法と軟性憲法

憲法改正手続から見た憲法の種別であり，硬性憲法とは，改正手続が通常の法律改正手続よりも厳格な憲法のことです。ほとんどの国の憲法が硬性憲法です。他方，軟性憲法とは，改正手続が通常の法律改正手続と同じものをいいます。かつてのイタリア憲法（1848年）やニュージーランド憲法（1947年）がこ

れにあたりますが、きわめて少数です（15「憲法改正は必要か？」参照）。
　(iii)　欽定憲法・民定憲法・協約憲法および条約憲法
　憲法制定から見た憲法の種別であり、欽定憲法とは、君主（国王）が単独で制定する憲法のことです。民定憲法とは、国民が直接または代表者を通じて制定する憲法のことです。協約憲法とは、君主と国民の合意によって制定される憲法のことです。さらに、条約憲法とは、複数の国家が連邦を構成する場合、各支分国間の合意により制定される憲法のことです。

3　憲法の特質および条約との関係

(1)　憲法の特質
　憲法は、「法の法」といわれるように、憲法規範としていくつかの特質を有しています。
　(i)　授権規範性
　憲法は、国家の法体系の上から考えると、憲法以外のすべての法規範の最上位に位置するとともに、またすべての法規範の基礎になっているということができます。したがって、これを逆にいうならば、すべての法規範はその制定の根拠を憲法に置くものであり、憲法の授権により存立することが可能である、ということができます。このように憲法には、他のすべての法規範に授権する規範性があります。
　(ii)　制限規範性
　憲法は、すべての法規範および国家機関等の活動の根拠を付与するものですが、他方、法令の内容や国家機関の活動を制限する機能も有しています。たとえていうならば、憲法とは大きな物差しのようなものであって、法令の内容や国家機関の活動等をたえずチェックして、憲法の範囲からオーバーしていないかどうかを見るものです。その意味で、憲法には制限規範性があります。
　(iii)　最高規範性
　憲法98条1項は「この憲法は、国の最高法規であって、その条規に反する法

律，命令，詔勅及び国務に関するその他の行為の全部又は一部は，その効力を有しない」と規定しています。内容はそのものズバリ，憲法の最高法規性です。この規定から，日本国憲法は憲法以外のすべての法規範の最上位に位置することが分かります。

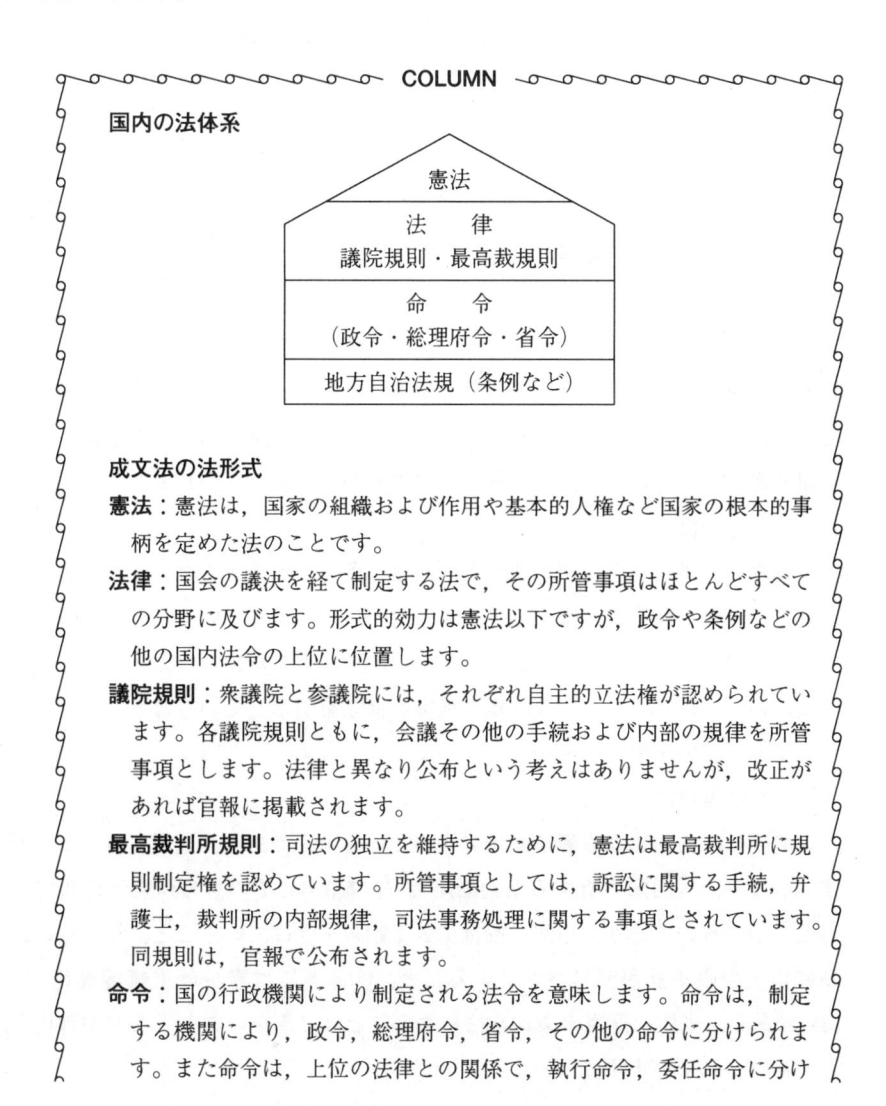

COLUMN

国内の法体系

```
          憲法
      法　　律
   議院規則・最高裁規則
       命　　令
   （政令・総理府令・省令）
   地方自治法規（条例など）
```

成文法の法形式

憲法：憲法は，国家の組織および作用や基本的人権など国家の根本的事柄を定めた法のことです。

法律：国会の議決を経て制定する法で，その所管事項はほとんどすべての分野に及びます。形式的効力は憲法以下ですが，政令や条例などの他の国内法令の上位に位置します。

議院規則：衆議院と参議院には，それぞれ自主的立法権が認められています。各議院規則ともに，会議その他の手続および内部の規律を所管事項とします。法律と異なり公布という考えはありませんが，改正があれば官報に掲載されます。

最高裁判所規則：司法の独立を維持するために，憲法は最高裁判所に規則制定権を認めています。所管事項としては，訴訟に関する手続，弁護士，裁判所の内部規律，司法事務処理に関する事項とされています。同規則は，官報で公布されます。

命令：国の行政機関により制定される法令を意味します。命令は，制定する機関により，政令，総理府令，省令，その他の命令に分けられます。また命令は，上位の法律との関係で，執行命令，委任命令に分け

> られます。執行命令は，法律の規定を実施するため必要な補充的事項を定める命令であり，委任命令は法律で具体的に委任された事項を定める命令です。なお戦前には，法律に関係なく発せられる独立命令というものもありましたが，現行憲法では認められていません。
> **地方自治法規**：自治立法権が地方公共団体に認められていることから，条例，地方公共団体の規則，これ以外の地方公共団体の機関の定める規則・規定のことです。これらの地方自治法規の所管事項は，地方自治法に定められています。

(2) 憲法と条約との関係

前述のように憲法には，授権規範性と制限規範性さらには最高規範性が備わっていますが，これはあくまでも国内の法体系を前提にしたものです。では，諸外国と締結される条約や国際連合で決議される国際法規と憲法とが抵触した場合には，どのように解釈すればいいのでしょうか。具体的には，条約や国際法規と憲法とを比較して，どちらを優先するかで学説が分かれています。

(i) 条約優位説

この説は，憲法と条約が対立したときは，条約が優先するという考え方です。それは，①憲法前文で「国際協調主義」が明らかにされていること，②98条1項および81条（違憲法令審査権）には条約が含まれていないこと，③98条2項で条約および確立された国際法規の誠実な遵守を明示していること，などをその根拠としています。

(ii) 憲法優位説

この説は，条約よりも憲法が優先するという考えであり，通説とされています。つまり，①内閣の有する条約締結権（73条3号）そのものが憲法の規定するところのものであり，当然に授権による制限を受けていること，②条約の締結には国会の承認が要求されていること，③内閣には憲法尊重擁護義務（99条）があり，当然に違憲の条約を締結することはできないこと，などが理由としてあげられています。

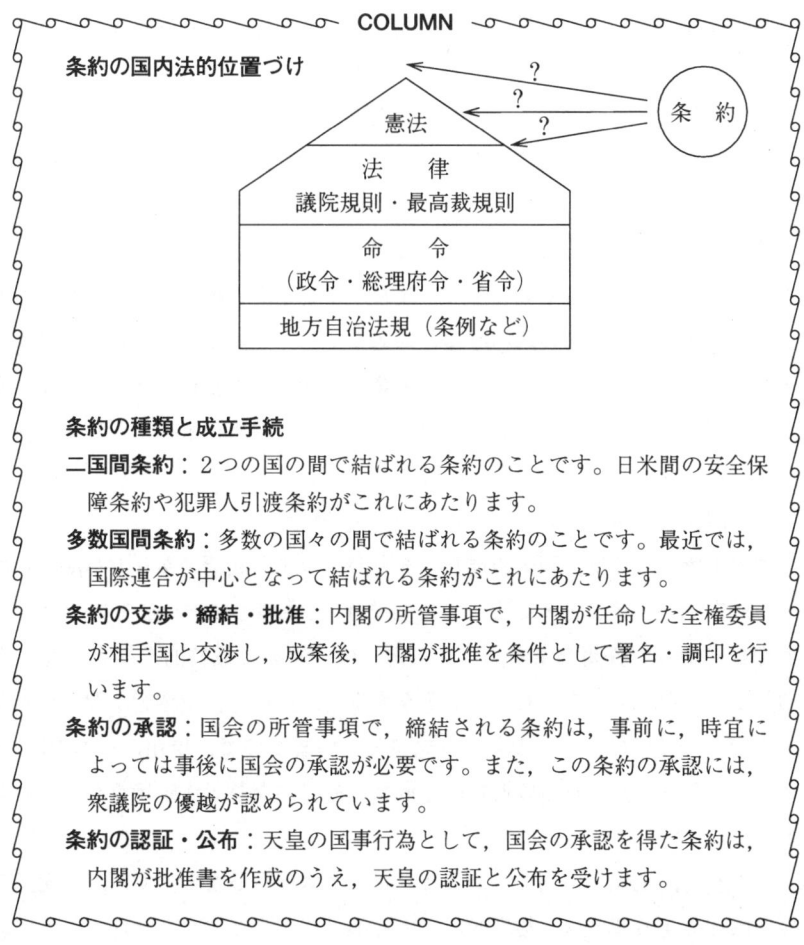

条約の種類と成立手続

二国間条約：2つの国の間で結ばれる条約のことです。日米間の安全保障条約や犯罪人引渡条約がこれにあたります。

多数国間条約：多数の国々の間で結ばれる条約のことです。最近では，国際連合が中心となって結ばれる条約がこれにあたります。

条約の交渉・締結・批准：内閣の所管事項で，内閣が任命した全権委員が相手国と交渉し，成案後，内閣が批准を条件として署名・調印を行います。

条約の承認：国会の所管事項で，締結される条約は，事前に，時宜によっては事後に国会の承認が必要です。また，この条約の承認には，衆議院の優越が認められています。

条約の認証・公布：天皇の国事行為として，国会の承認を得た条約は，内閣が批准書を作成のうえ，天皇の認証と公布を受けます。

4 日本国憲法の基本原理

(1) 前文の構成

憲法には，本条文以外に前文があります。前文には，その国の歴史・伝統・文化・宗教・憲法の制定経緯・国家理念・国家構造および国民の基本権保障などが内容としてあげられます。一般的には，前文はその国にとっての基本原理

を示すものです。では，日本国憲法前文にはどのような基本原理が示されているのでしょうか。

前文は，大きく分けて4つの段落で構成されています。字数的には，第1段が最も多く，そして次第に短くなって，第4段が最も字数の少ない文章です。

(2) 前文の内容

前文の文言からすると，その主たる内容としては，3つのことがあげられます。つまり，国民主権主義・平和主義および基本的人権尊重主義です。この3つの事柄が日本国憲法の基本原理といえるでしょう。またこれらの基本原理からさらに派生するものとして，民主主義・国会中心主義および国際協調主義などもあげることができます。したがって，これらの事柄すべてが日本国憲法の基本原理を構成していると考えられます。

(i) 国民主権主義

国民主権主義とは，国家の進むべき方向，つまり政治のあり方を決める最終的な決定権が国民にあることを意味します。「主権とは何か」と聞かれると，大変むずかしい質問ですが，とりあえずは「最高で最終的な国家の意思決定権」とでも考えておきましょう。そうすると，憲法は，主権者が国民であることを前文だけではなく，1条にも規定していますので，現在の日本では，「全体としての国民」が日本の進むべき最高で最終的な意思決定権を有している，ということができます。

ところで，主権者は国民であるということは分かったのですが，全国民が直接に政治をすることは，物理的に考えて不可能なことです。そこで憲法は前文の冒頭で「日本国民は，正当に選挙された国会における代表者を通じて行動し」と規定することにより，代議制度の採用を明らかにしています。いいかえると，間接的な政治を考えているのであり，しかもその手段として選挙制度によることも明らかにしています。そして，国民が選出した代表者（国会議員）は国会に集まって，国家・国民のために政治をすることがうたわれています。このことを国会中心主義といいます。

また，国民により選出された代表者がとるべき政治のあり方について，「そ

もそも国政は、国民の厳粛な信託によるものであつて、その権威は国民に由来し、その権力は国民の代表者がこれを行使し、その福利は国民がこれを享受する」と規定していることからも分かるように、代表民主制が採用されています。ここで明らかなことは、国政は国民による「信託」と位置づけられていることです。このような信託の考え方は、ジョン・ロックの思想に由来するものですが、本来的には信託者に対する受託者の責任という点がより重視されるべきでしょう。民主主義は、ややもすると無責任な衆愚政治に移行しやすく、いまなお根絶できない政治腐敗などはその好例です。代表民主制の本当の意味が、真剣に問われるべきでしょう。

(ii) 平和主義

前文の2段目は、9条や66条2項の規定とともに、日本の平和主義を強調したものです。「日本国民は、恒久の平和を念願し、人間相互の関係を支配する崇高な理想を深く自覚するのであつて、平和を愛する諸国民の公正と信義に信頼して、われらの安全と生存を保持しようと決意した」と述べることにより、国家としての日本の安全確保や国民の生存保持は、平和を愛する諸国民の公正と信義に信頼することに決意したのです。また「われらは、平和を維持し、専制と隷従、圧迫と偏狭を地上から永遠に除去しようと努めてゐる国際社会において、名誉ある地位を占めたいと思ふ」と定めることにより、侵略的な行為を禁止し、また専制主義や奴隷的な政治を禁じている国際社会に日本も仲間入りして、名誉ある地位を占めたいと希望しています。そして「われらは、全世界の国民が、ひとしく恐怖と欠乏から免かれ、平和のうちに生存する権利を有することを確認する」として、いわゆる「平和的生存権」というものが存在することを述べています。

ところで、日本が平和主義をとることはきわめて大切なことですが、「平和を愛する諸国民の公正と信義に信頼して」というような、いわば「あなたまかせの平和主義」でいいのでしょうか。また、世界中の国のなかには、どのように見ても平和的でない国がありますが、日本はこのような国に対してまでも、その公正と信義を信頼しなければならないのでしょうか。日本が名誉ある地位

を国際社会で占めることはいいことですが、しかし現実の国際社会は単純に平和を維持し、圧迫と偏狭を除去しようとしているのでしょうか。国際社会のためといいながら実際の国際舞台では、自国の利益獲得最優先策が採られてきているのではないでしょうか。日本は、あまりにも国際社会を理想化して見てきているのではないでしょうか。平和主義の精神はきわめて尊いものですが、他面、現実社会の厳しさにも私たちは目を向けるべきでしょう。

(iii) 基本的人権尊重主義

前文からダイレクトに基本的人権尊重主義を読みとることは、正直いって少々困難です（内野①，中谷）。ただし「わが国全土にわたつて自由のもたらす恵沢を確保し」や「平和のうちに生存する権利」というような表現が前文には見られます。これらは基本的人権尊重主義の一応の現れと考えられます。もっとも本条文の11条・12条および97条の規定からも人権尊重の理念を十分に理解することができます。前文に示された国民中心の考え方から、当然に個人の尊重や自由・平等の確保ということを読みとることもできます。

(3) 前文の効力

前文の効力について、考えてみましょう。これについては、前文の法的規範性と裁判規範性の2つに分けて見ることができます。

(i) 法的規範性

前文を政治的・理念的宣言として捉え、その法的規範性を否定する考え方もありますが、それよりも法的規範性があるというのが今日のほぼ定説です（芦部）。つまり、前文も憲法の一部を構成するものであり、またその改正についても、他の条文と同じく96条の憲法改正手続をとらなければならないと考えられるからです（法的規範性肯定説）。

(ii) 裁判規範性

前文の裁判規範性については意見が分かれます。前文の裁判規範性とは、裁判所が具体的な訴訟事件において、前文を直接的な根拠として判決を下したり、また前文を根拠に適用法令の違憲無効を判断することができるか、ということです。裁判規範性肯定説と否定説とに分かれます。肯定説は、前文の抽象性や

規範の段階構造性は、他の条文にも見られるものであって、これを理由とする裁判規範性の否定は無理とするものです。他方、裁判規範性否定説は、前文内容が抽象的であり、それを裁判所の判断基準にするのは不適当であること、前文内容は1条以下で具体化されていること、などを指摘しています。

前文のこの裁判規範性については、肯定説も否定説も双方に理由が認められますが、共通していえることは、前文も1条以下の具体的条文も、相互に深い関連を有していると判断していることです。したがって、前文は1条以下の具体的条文を解釈する上での基準であり、実際的な差はあまり大きくはないものと見られています。なお、実際の裁判では、前文の裁判規範性を肯定したものとして、長沼ナイキ訴訟一審をあげることができますが、同控訴審判決や百里基地訴訟判決などでは、否定説が支持されました（中谷）。

COLUMN

前文の裁判規範性を肯定した判例
長沼ナイキ訴訟一審判決（札幌地判昭48・9・7判時712号24頁）
　札幌地裁は、前文の解釈をするにおいて、その裁判規範性を認めています。また判決では、とくに今次戦争への強い反省から、前文の基本原理、なかでも平和主義は単なる理念の現れなどではなく、日本人が未来永劫保持しなければならないものと述べています。しかし、この説を支持する判例は少ないようです。

前文の裁判規範性を否定した判例
長沼ナイキ訴訟二審判決（札幌高判昭51・8・5判時812号21頁）、**百里基地訴訟一審**（水戸地判昭52・2・17判時842号22頁）、**同二審**（東京高判昭56・7・7判時1004号3頁）
　最近の事例でも、前文の裁判規範性を明確に否定しています。たとえば、平成2年の那覇地裁判決では、「しかしながら、憲法前文は、憲法制定の動機、目的及びその基本原理等を述べるものではあるが、未だその内容は抽象的なものに止まり、具体的個別的に定立された裁判規範ということはできない。したがって、憲法前文自体を裁判規範として、これに違反する

法律等の無効を主張することはできないものと解される。もっとも，憲法前文は，憲法の一部として法規範性を有し，憲法本文の各条項の解釈の基準ないし指針となりうるものと解される……」と判示しています。憲法前文については，判例はその法的規範性を認めるものの，しかし裁判規範性まで認めるというところには至っていません。

日本国憲法の制定経緯小史

昭和20（1945）年

7月26日	ポツダム宣言の発表
8月 6日	米国による広島への原爆投下
8日	ソ連軍『日ソ不可侵条約』を破り，千島・満州に侵攻
9日	米国による長崎への原爆投下
14日	ポツダム宣言の受諾
15日	終戦の詔書が渙発される／鈴木貫太郎内閣が総辞職
17日	東久邇宮内閣成立／全軍に戦闘停止命令
28日	占領軍第1陣が日本に上陸
30日	マッカーサー将軍／厚木飛行場に到着
9月 2日	米戦艦・ミズリー号上で降伏調印
19日	プレスコード指令
22日	米政府『降伏後初期の対日方針』公表
27日	天皇がマ将軍を訪問
10月 4日	近衛・マ将軍会談
5日	東久邇宮内閣が総辞職
8日	近衛・アチソン会談
9日	幣原内閣成立
11日	幣原・マ将軍会談／憲法改正の強要
11日	近衛公爵の内大臣府御用掛任命
13日	佐々木惣一博士の内大臣府御用掛任命
13日	憲法問題調査委員会の設置（21年2月2日まで）
11月 2日	15財閥の証券凍結を指令
6日	4大財閥の解体を指令
15日	ポーレー／対日賠償方針を明示
27日	第89臨時帝国議会開会（12月18日解散）
12月 8日	松本国務大臣／憲法改正4原則発表
9日	総司令部／農地改革案提出を指令
15日	『神道指令』の発令

昭和21（1946）年

1月 1日	天皇の新日本建設に関する詔書（人間宣言）
4日	総司令部／軍国主義者の公職追放
11日	SWNCC228の指令が出される
2月 1日	「毎日新聞」による憲法試案リーク事件／総司令部の驚愕と日本政府への強要／日本政府案「政府起草の憲法改正に対する一般的説明」など提出
3日	マ将軍，ホイットニー民政局長に憲法草案起草を命ずる／『マッカーサー三原則』が提示される
4日	ホイットニー民政局長によるマ将軍の命令伝達，作業上の心得の提示
5日	運営委員会と起草委員との会合
10日	占領軍の憲法改正草案作成作業完了
11日	マ将軍へ占領軍作成の草案提出
12日	正式プリント（前文および92ヵ条）
13日	総司令部草案（マ草案）が日本側に交付される／松本案の拒絶
26日	極東委員会成立
28日	公職追放令公布
3月 5日	天皇による憲法改正の発議（勅語）
6日	日本政府の憲法改正草案要綱発表／マ将軍がこれを支持
4月 5日	第1回対日理事会開催

1 憲法とはどのような法なのか？

10日	第22回総選挙（新選挙法による）	20日	第90臨時帝国議会開会（10月12日閉会）
17日	日本政府／憲法改正草案を発表する	11月3日	日本国憲法の公布
22日	幣原内閣が総辞職	26日	第91臨時帝国議会開会（12月26日閉会）
5月3日	極東国際軍事裁判（東京裁判）開廷	12月16日	総司令部／予算の編成，実行，修正は許可を要すると指令
15日	対日理事会でアチソン米代表／共産主義に反対を表明		昭和22（1947）年
22日	第1次吉田内閣成立	1月16日	内閣法，新皇室典範，皇室経済法を公布する
31日	天皇がマ将軍を訪問	31日	マ将軍／2・1ゼネスト中止を声明
6月12日	占領目的阻害行為処罰令公布	5月3日	日本国憲法の施行
17日	キーナン検事／天皇を裁かずと言明		

日本国憲法草案のための民政局組織図

- 連合軍最高司令官（Supreme Commander of GHQ）
  ダグラス・マッカーサー元帥（General Douglas MacArthur）
- 民政局長（Chief of the Government Section）
  コートニー・ホイットニー准将
  （Courtney Whitney/Brigadier-General）
- 運営委員会（Steering Committee）
  チャールズ・L・ケーディス陸軍大佐
  （Col. Charles L. Kades）
  アルフレッド・R・ハッシー海軍少佐
  （Comdr. Alfred R. Hussey, Jr.）
  マイロ・E・ラウエル陸軍中佐（Lt. Col. Milo E. Rowell）
  ルース・エラマン（Miss Ruth Ellerman）

- 天皇・条約・授権規定に関する小委員会
  (Committee on the Emperor, Treaties and Enabling Provisions)
  リチヤード・A・プール海軍少尉（Ens. Richard A. Poole）
  ジョージ・A・ネルソン海軍中尉（1st Lt. George A. Nelson, Jr.）
- 人権に関する小委員会（Civil Rights Committee）
  ピータ・K・ロウスト陸軍中佐（Lt. Col. Pieter K. Roest）
  ハリー・エマーソン・ワイルズ（Harry Emerson Wildes）
  ベアテ・シロタ・ゴードン（Miss Beate Sirota）
- 立法権に関する小委員会（Legislative Committee）
  フランク・E・ヘイズ陸軍中佐（Lt. Col. Frank E. Hays）
  ガイ・J・スウォープ海軍中佐（Comdr. Guy J. Swope）
  オズボーン・ハウゲ海軍中尉（Lt. (JG) Osborne Hauge）
  ガートルード・ノーマン（Miss Gertrude Norman）
- 行政権に関する小委員会（Executive Committee）
  ミルトン・J・エスマン陸軍中尉（1st Lt. Milton J. Esman）
  サイラス・H・ピーク（Mr. Cyrus H. Peake）
  ジェイコブ・I・ミラー（Mr. Jacob I. Miller）
- 司法権に関する小委員会（Judiciary Committee）
  マイロ・E・ラウエル陸軍中佐（Lt. Col. Milo E. Rowell）
  アルフレッド・R・ハッシー海軍中佐（Comdr. Alfred R. Hussey, Jr.）
  マーガレット・ストーン（Miss Margaret Stone）
- 財政に関する小委員会（Finance Committee）
  フランク・リゾー陸軍大尉（Capt. Frank Rizzo）
- 地方行政に関する小委員会（Local Government Committee）
  セシル・G・テイルトン陸軍少佐（Maj. Cecil. G. Tilton）
  ロイ・L・マルコム海軍少佐（Lt. Comdr. Roy L. Malcolm）
  フイリップ・O・キーニ（Mr. Philip O. Keeney）
- 通訳（Interpreters）
  ジョセフ・ゴードン陸軍中尉（1st Lt. Joseph Gordon）
  I・ハースコウィッツ陸軍中尉（1st Lt. Herskowitz）
- 秘書（Secretaries）
  シャイラ・ヘイズ（Miss Shiela Hayes）
  エドナ・ファーガソン（Miss Edna Ferguson）

2 ■ 人権の保障とは何か？

【関連条文】
第11条【基本的人権の享有】国民は，すべての基本的人権の享有を妨げられない。この憲法が国民に保障する基本的人権は，侵すことのできない永久の権利として，現在及び将来の国民に与へられる。
第13条【個人の尊重・幸福追求権・公共の福祉】すべて国民は，個人として尊重される。生命，自由及び幸福追求に対する国民の権利については，公共の福祉に反しない限り，立法その他の国政の上で，最大の尊重を必要とする。
第97条【基本的人権の本質】この憲法が日本国民に保障する基本的人権は，人類の多年にわたる自由獲得の努力の成果であつて，これらの権利は，過去幾多の試練に堪へ，現在及び将来の国民に対し，侵すことのできない永久の権利として信託されたものである。

1　人権保障の意義

(1)　2つの「表現の自由」

次の2つの条文を読み比べて下さい。
① 「日本臣民ハ法律ノ範囲内ニ於テ言論著作印行集会及結社ノ自由ヲ有ス」。
② 「集会，結社及び言論，出版その他一切の表現の自由は，これを保障する」。

①は明治憲法29条の規定，②は現行憲法21条1項の規定で，両者とも「表現の自由」を保障する規定です。はたして両者は「表現の自由」という同一のものを同じように保障しているのでしょうか。

明治憲法もその2章「臣民権利義務」において，表現の自由に限らず，諸種の権利・自由の保障規定をおいていました。けれども，それらは天皇がその臣民に恩恵的に与えた権利にすぎませんでした。しかも，多くの場合，「法律ノ範囲内ニ於テ」という条件——これを「法律の留保」といいます——が付されていたため，法律によりさえすればこれを制限することが可能であり，結果と

してその保障はきわめて弱いものでしかなかったのです（たとえば，29条の表現の自由は，出版法や新聞紙法さらには悪名高い治安維持法などによって制限され，その保障は形骸化させられていたのです）。

ひるがえって，現行憲法では表現の自由は基本的人権の1つとして保障されています。すなわち，その11条は基本的人権たる権利・自由を保障することを明確にしています。しかし，表現の自由が「臣民の権利」としてではなく，「基本的人権」として保障されているということは一体どのような意味をもつのでしょうか（なお，議論のある問題ですが，本書では「人権」という言葉と「基本的人権」あるいは「基本権」という言葉を同じ意味で互換的に用いることにします）。

(2) 人権保障の歴史

従来の憲法学では，人権とは「人がただ人間であるということにのみもとづいて当然にもっている権利」，「人間が生まれながらもっている権利，すなわち，生来の権利」（宮沢）と理解されてきました。このような人権についての考え方（人権思想）は，ロックやホッブスあるいはルソーなどを主とした17～18世紀の近代啓蒙思想家の説いた「自然法思想」にもとづいています。

COLUMN

ロック，J.『市民政府論』(1690年) は次のように説いています。

人は自然状態において，自然法により人間としての生存に不可欠な「生命，自由，財産に対する生来の権利」を有していた。自然状態は平和な状態であるが，これらの権利の十分な保障のために，また，外敵による侵害からの安全を確保するために，人々は契約によって政治社会すなわち国家をつくった。したがって，国家は，生命・自由・財産を保全することを存立の目的とし，その目的を果たすために必要な権力を人民から信託されたのである。もし国家がこの契約に違反すれば，人民はこれに抵抗することができる。(ロック，J. 鵜飼信成訳『市民政府論』(岩波文庫, 1968年))

このような18世紀の自然法思想は，人間の自然的理性としての実定法を超越する法の存在を説き，自由，平等の権利は自然法によって認められたとするものです。それはアメリカ独立宣言などに大きな影響を与えました。

人権保障の端緒となった1776年のヴァージニア権利章典はその1条で、「すべての人は、生来ひとしく自由かつ独立しており、一定の生来の権利を有するものである。これらの権利は、人民が社会を組織するにあたり、いかなる契約によっても、その子孫からこれを奪うことのできないものである」と定め、またこれにつづく1789年のフランス人権宣言はその冒頭で、「人は、自由かつ権利において平等なものとして出生し、かつ生存する。社会的差別は、共同の利益の上にのみ設けることができる」と定めています。これらはいずれも、人権が国家によって与えられたものではなく、人間として生まれながらにもっている権利であること（人権の前国家性、人権の固有性）を宣言するとともに、その不可侵性をうたったものであることはいうまでもありません（これらには、ロックらの「自然法思想」の影響が強く出ています）。

　自然法思想の影響の下に18世紀後半から19世紀の人権宣言や憲法で保障された人権の内容は、財産権、精神的自由、人身ないし行動の自由といった、いわゆる「自由権」と呼ばれる諸権利が中心とされました。これは、国家権力から自由でありさえすれば国民の幸福が達成されるという考え方に立脚していたからです。しかし、その後の自由放任主義の政策とそれに伴う資本主義経済の発展の結果は、貧富の差の拡大をもたらし、一連の自由権の保障も多くの人々にとっては絵に描いた餅という状況を生み出しました。そうした状況の下で保障されるようになったのが「社会権」と呼ばれる諸権利です。それは、人間に値する生活を保障するために国家は人々の社会生活に積極的に関与すべきであるという考え方（社会国家観）にもとづくもので、その保障は1919年のワイマール憲法に始まるといわれています。なお、19世紀から20世紀にかけては、人間として生まれながらにもっている権利という考え方が衰退し、国民の権利として国家が保障した権利という考え方が採用されたことは注目されます（そのような国民の権利・自由の保障は「外見的人権宣言」といわれ、明治憲法の「臣民の権利」の保障もその一例です）。しかし、第二次世界大戦後は、再び自然法思想に立脚した人権の理解が強くなってきていますし、そうした人権を国際的に保障しようという動きが活発に展開されています。

2　日本国憲法における人権保障

(1) 現行憲法における人権

　現行憲法における人権保障は，上述した人権の観念および人権保障の歴史的流れを受け継ぐものであることは，11条や97条から明らかです。ただ，現行憲法が保障する人権のカタログはきわめて広範囲にわたっているため，それらがすべて人権といえるかは問題のあるところです（人権の前国家性という性質からいえば，厳密には自由権のみが人権であるということになってしまいます）。しかし，今日では，自由権以外の権利についてもそれらが人間として生きていく上において基本的に必要な権利であるという意味において，人権として把握されています。そして，そのような人権という観念を「人間の尊厳」や「人間性」に根拠づけようとする考え方が一般的な理解となってきています（国際人権規約も，そこであげられている諸権利が「人間の固有の尊厳」に由来するものであると述べています）。ただ，このような理解については，人間がなにゆえ尊厳なる存在といえるのか，また人間の尊厳と人権とはストレートに結び付くのか，といった問題をはじめ，多くの検討課題が残されています。

　ところで，現行憲法が保障する人権にはいろいろなものが含まれており，個々の人権がもつ性質は決して一様ではありません。これらをどのように分類するかは難しい問題でさまざまな観点からの分類が試みられていますが，本書では一応以下のように分類しておきます。

① 包括的人権：新しい人権の根拠ともなる一般的かつ包括的な権利(13条)。
② 自由権：国家の干渉を排除する権利（国家の不作為を要求する権利）。これには，精神的自由権（19条～21条・23条），経済的自由権（22条・29条），身体的自由権（18条・31条・33条～39条）が含まれます。
③ 平等権：合理的理由のない差別的取扱いを受けない権利（14条・24条）。
④ 社会権：国家に対して適切な施策を要求する権利（国家の作為を要求する権利）（25条～28条）。次の受益権とはどちらも国家の作為を要求する権利ですが，社会権の場合は社会国家的見地からのものです。

⑤ 受益権（国務請求権）：国家に対して自己の利益となる一定の積極的行為をなすよう要求し得る権利（16条・17条・32条・40条）。
⑥ 参政権：国民が国家意思の形成に参加することができる権利（15条）。

ただし，このような分類も決して絶対的なものではないことに注意する必要があります。たとえば，社会権の1つである生存権（25条）には，「健康で文化的な最低限度の生活」を国家が侵害してはならないという自由権的側面もあります。権利の性質を固定的ではなく個々の問題に応じて柔軟に考えていくことが必要でしょう。

なお，このように広範な人権保障規定がおかれているということと，現実に人権が十分に保障されているということとはストレートに結び付くものではありません。ちなみに，人権侵犯事件の受理・処理件数のデータを示しておきます。

人権侵犯事件の受理・処理件数

年次 事件の種類	受理	旧受	新受	#申告	#人権擁護委員の通報	既済	#援助	#排除措置	未済
平成 7 年	16,481	185	16,296	8,806	7,374	16,340	15,777	158	141
9	16,333	185	16,148	8,727	7,189	16,126	15,371	234	207
10	16,689	207	16,482	8,728	7,517	16,478	15,640	230	211
私人等による侵犯事件	15,911	100	15,811	8,378	7,353	15,807	15,282	220	104
酷使虐待	4,230	10	4,220	2,054	2,148	4,216	4,152	25	14
私的制裁	84	6	78	52	23	81	70	3	3
人身の自由に対する侵犯	39	1	38	23	11	35	23	3	4
差別待遇	210	38	172	109	51	183	121	6	27
名誉・信用等及びプライバシーに対する侵犯	1,817	13	1,804	1,062	730	1,800	1,696	35	17
労働権に対する侵犯	782	2	780	441	338	780	763	6	2
住居の安全に対する侵犯	2,700	14	2,686	1,358	1,325	2,685	2,544	96	15
強制圧迫	4,269	6	4,263	2,330	1,921	4,259	4,203	26	10
その他	1,780	10	1,770	949	806	1,768	1,710	20	12
公務員等の職務執行に伴う侵犯事件[1]	778	107	671	350	164	671	358	10	107
警察官によるもの	92	1	91	53	28	80	68	2	12
矯正職員によるもの	25	—	25	24	1	25	1	1	—
教育職員によるもの	568	104	464	215	105	474	209	2	94
その他の公務員によるもの	93	2	91	58	31	92	80	5	1

注 1）公務員による「医療に関する侵犯」，「精神保健方関係」，「同和問題に関するもの」，「参政権に対する侵犯」及び公営の施設に従事する職員による「施設職員によるもの」事件を除く。

資料　法務大臣官房司法法制調査部調査統計課『民事・訟務・人権統計年報』。
　　　総務庁統計局編『日本の統計2000』330頁より引用。

(2) 新しい人権の保障

　社会状況の変化に伴って，以前には人権とは考えられなかったものが，人権として保障されるべきであると主張されることがあります。たとえば，情報化社会が進展していくなかでプライバシー保護の必要性が生じ，人権として保障されるべきだという主張が起こってきたことはその一例といえます（「新しい人権」の保障の主張）。しかし，14条以下の個別的な人権規定にはプライバシーの権利という言葉は見当りません。それでは，プライバシーが人権として保障されることの必要性をいかに強く主張しても，人権として憲法的保護は受けられないのでしょうか。

　この点については，13条後段にいう「生命，自由及び幸福追求に対する国民の権利」を14条以下の個別的人権に対して包括的人権と捉え，新しい人権の保障根拠とする見解が通説となっています。すなわち，13条後段は「幸福追求権」——「生命，自由及び幸福追求に対する国民の権利」を一体的に捉えて「幸福追求権」といわれています——という包括的人権を保障する規定であると解されています。そして，人権侵害があった場合，14条以下の個別的人権に該当すればその条項が適用され，該当しない場合には幸福追求権が問題となるとされています。もっとも，幸福追求権の内容や性質をどのように理解するかについては必ずしも一致しているわけではなく，重要な争点になっています（なお，この点については，3「自己決定権とは何か？」参照）。

(3) 人権の享有主体

　国民が憲法の保障する人権の享有主体であることはいうまでもありませんが，以下のものについては検討の余地があります。

　(i) 天　　　皇

　当然のことながら，明治憲法下では天皇が臣民の権利の享有主体であることはありえませんが，現行憲法においては，天皇もまた人権の享有主体であると考えられます。ただ，その地位の特殊性から最小限の特別扱いが認められる，とみるべきでしょう（他の皇族の場合は天皇とは若干保障範囲が異なるでしょう）。

　(ii) 未 成 年 者

未成年者といえども基本的人権の享有主体であることは当然です。ただ，未成年者の場合，一般に成年者に比べて判断能力などにおいて劣るとみられ，それゆえに成年者の場合とは異なった制約に服するのではないかということが問題となります。従来，未成年者の人権制約についてはあまり議論されないまま，これを安易に認める傾向にあったように思われます。しかし，中学生の髪型や高校生のバイク規制についての校則，内申書不利益記載，青少年保護育成条例などをめぐる問題が裁判の場で争われたり，「子どもの人権条約」が批准されたこともあって，近年，未成年者の人権保障あるいはその制約についての議論が高まってきています。このこと自体は歓迎すべきことですが，その場合，未成年者の自律の助長促進であるとか健全育成ということが大人の基準から漠然と用いられることは問題です。何が本当に子供のためなのかを真剣に考えることが必要でしょう。

(ⅲ) 外　国　人

外国人も憲法が保障する人権の享有主体になりうるのかという問題については，これを肯定的に解するのが通説・判例の立場となっています。ただし，すべての人権について認められるのではなく，人権の性質に応じて判断されることとなります。この点については，最高裁が注目すべき判断を示しています。

COLUMN

定住外国人の選挙権事件（最判平7・2・28民集49巻2号639頁）

事案は参政権に関するものですが，韓国籍の定住外国人である原告が，地方公共団体に関する選挙の選挙権を有する者の要件としている「日本国民」（公職選挙法9条2項）の中に原告のような定住外国人を含むと解すべきであるとして，現行制度が憲法14条，15条などに違反すると主張しました。これに対して最高裁は，15条の保障する公務員の選定権の保障は外国人には及ばないとした上で，「我が国に在留する外国人のうちでも永住者等であってその居住する区域の地方公共団体と特段に緊密な関係を持つに至ったと認められるものについて，その意思を日常生活に密接な関連を有する地方公共団体の公共的事務の処理に反映させるべく，法律をもって，

> 地方公共団体の長，その議会の議員等に対する選挙権を付与する措置を講ずることは，憲法上禁止されているものではない」と述べ，外国人に地方選挙権を認めるかどうかは立法政策上の問題であると判示しました。

　この判決は，日本に在留する外国人を一律にとらえるべきでないことを示した点でも意義がありますが，ただ，国政選挙権や公務員就任権については議論が分かれており，なお慎重な検討が必要と思われます。

　(iv) 法　　　人

　人権の享有主体は自然人であり，法人を享有主体とみることに否定的な見解もありますが，今日では，法人の活動実態に照らして，これを認めることが現実的であるとする見解が一般的であり，判例もまたこの立場をとっています。もっとも，どの範囲でどの程度において認められるかは問題ですが，法人の性格や目的と人権の性質とによって判断していかざるをえないでしょう。

3　人権の保障範囲

(1) 人権の制約

　人権は人間が生まれながらにもっている権利であると観念され，また，11条では「侵すことのできない永久の権利」と規定され，その不可侵性が定められています。しかし，このことは人権が無制約であるということを意味するものではありません。人間が社会生活を営む存在である以上他者との関わり合いは不可避であり，その人権保障は他者の人権との関係が考慮され，場合によっては制約を受けることがあるのは当然のことといえるでしょう。この点について初期の多数説は，人権といえども無制約ではなく，13条の規定からみて「公共の福祉」による制約に服し，その限度内で最大の尊重が保障される（22条・29条に改めて「公共の福祉」による制約を明示していることには特別の意味はない）と解していました。また，判例も「公共の福祉」の意味するところを十分に検

討することなく、ただ制約を正当化するための理由として、安易に「公共の福祉」という言葉を持ち出すものが多くみられました（6「ポルノは無価値なのか？」参照）。こうした見解に対して、抽象的な「公共の福祉」によって人権の制約が正当化されるならば、それは明治憲法における「法律の留保」の付された権利保障と何ら変わるところがないのではないかとの批判がなされ、以来さまざまな議論が展開されてきました。今日でももちろん議論のあるところですが、13条の「公共の福祉」による制約は、他者の権利・自由との調整の観点からの制約を意味し、22条・29条の「公共の福祉」による制約は、それに加えて社会的弱者の生存権の確保などの観点からの政策的制約を意味すると解するのが一般的になっています。そして、その上で、裁判所が人権に対して課せられている制約の合憲性を審査する際の基準を明らかにしていく方向に議論が展開されています。精神的自由権を制約する法律の違憲性を審査する場合の基準と、経済的自由権を制約する法律の違憲性を審査する場合の基準を区別して考える「二重の基準論」といわれるものなどはその一例といえるでしょう。

(2) 私人間における保障

憲法における人権保障は、何よりも国家権力からの自由の保障を意味すると考えられてきました。しかし、今日のわれわれの社会生活においては、人権は国家権力によって侵害されるのみならず、大企業をはじめとする私的な組織や私人によっても侵害されるという現象が生じています（先に挙げた資料を参照）。もちろん、法律によってそれらを規制することは可能ですが、それにも限度があります。そこで、国家と国民の間のルールと考えられてきた人権保障規定を私人間のルールとしても用いることができないかが問題とされてきました。今日では、私人間への効力を認めたうえで、直接効力説（直接適用説）と間接効力説（間接適用説）という理論上の対立があります。前者は、人権規定の効力はあらゆる法領域に妥当するものであり、私人による侵害に対しても直接に効力が及ぶ（適用される）とする説であり、後者は、人権規定はあくまで国家との関係におけるものであるとしつつ、私人による人権侵害については、私法の一般条項や不確定概念の解釈に際して人権規定の精神を取り入れることによっ

て，間接的に効力を及ぼそうとする説です。このうち，間接効力説が通説とされています（たとえば，民法90条の「公序良俗」規定の解釈に際して人権規定の精神を取り入れる）。ただ，この説も人権規定の精神の私法の一般条項への注入の度合いいかんによって，無効力説あるいは逆に直接効力説に近くなるという曖昧さがあり，裁判官の主観に左右されるという危険性を内包しているといえます。最近では，問題を一般的に論じるのではなく，具体的な事案に応じて柔軟に対処すべきであるという見解も強く主張されています。

COLUMN

三菱樹脂事件（最大判昭48・12・12民集27巻11号1536頁）

事案は，入社試験に際して学生運動をしていた事実などを秘匿したことを理由に，試用期間終了時に本採用を拒否された原告が，憲法14条・19条などの違反を理由に出訴したというものです。最高裁は以下のように判示しています。①憲法の規定はもっぱら国・公共団体と個人の関係を規律するものであり，私人相互の関係を直接規律することを予定するものではない。②私人間における対立調整は，近代自由社会においては原則として私的自治に委ねられており，ただ，侵害が社会的に許容しうる限界を超えた場合のみ法が介入する。③国・公共団体と個人との関係の場合とはおのずから別個の観点からの考慮を必要としており，憲法上の人権保障規定をそのまま私人相互間の関係についても適用すべきものとする見解は採用しえない。④私法関係においては，侵害が社会的許容限度を超えるときは，立法措置や民法1条・90条などの適切な運用によって適切な調整を図る方途もある。

4　人権の国際的保障

(1)　国際的保障の歴史

人権保障の歴史における第二次世界大戦後の大きな特徴として，国際的なレベルでの人権保障の進展があげられます。1948年に採択された「世界人権宣

言」は法的拘束力をもってはいませんでしたが，これを法的拘束力のある条約とするための努力がなされ，1966年に「国際人権規約」——これはA規約，B規約および選択議定書からなり，わが国は1979年にA規約とB規約を批准しました——が採択されました。このほかにも，難民の地位に関する条約，女子差別撤廃条約，子どもの権利条約，人種差別撤廃条約などが国連によって採択されています。もちろん，これらの条約はこれを批准していない国を拘束する力はありませんし，その実効性の面においてもまだまだ弱いところがあります。しかし，人権問題は各国の国内問題として対処されるだけでは不十分であり，国際的な相互協力のもとに取り組んでいかなければならないという認識が一般化してきたことは大いに評価されてよいでしょう。

　国際的なレベルでの人権保障の進展とともに，新たな人権論が主張されてきたことも注目されるところです。すなわち，近代以降の自由権を中心とする人権「第一世代の人権」，20世紀的人権である社会権「第二世代の人権」に加えて，発展（開発）の権利や環境権などが「第三世代の人権」として主張されています。第三世代の人権は主として発展途上にある国々によって主張されていますが，なかには集団がその享有主体とされているものがあるなど，従来の個人主義に立脚した人権観とは相異なるものが含まれています。これらを統一的に齟齬なく，人権として把握できるかは今後の課題であるように思われます。

(2) アジア的人権論

　国際的な人権保障を実効的なものとするためにさまざまな努力がなされていますが，しかし他方で，依然として人権侵害と思われる事態が日々生じていることも事実です。そして，おおざっぱな言い方をすれば，欧米先進国（それは人権保障の面での先進国でもある）が発展途上国を中心とした人権保障制度の不十分な国を非難するという構造ができあがっていることも事実です。そのような中で，欧米からの非難や批判に対して，とりわけアジアの国々から強い反論が展開されてきました。たとえば，①アジアには家族・集団・国家と個人とを対立関係で捉えないアジア固有の歴史・文化・価値観が存在するのであり，それを無視して近代ヨーロッパの個人主義に立脚した人権観念・制度を押し付け

るのはいわば「文化的帝国主義」である，②発展途上国においては何より開発・経済発展が重要であり，まず経済的社会的権利の保障が必要で，そのためには強い政府が必要であり，また③人権問題は国内問題であり，内政干渉は許されない，などがその主張の要点とされているところです。このような主張は「アジア的」人権論あるいは「アジア的」価値観といわれますが，はたして一定の正当性を持ち得るかについては慎重な考察が必要でしょう。

　私たちは，個人主義に立脚した人権の観念・制度を受け入れ，人権が保障されていることを当然のこととして受け止めてきました。しかし，人間が真に幸福になるための手段として，そうした人権の保障が唯一絶対的なものであるのかを考えてみることも――「アジア的」人権論の当否は別としても――重要な意味を持つのではないでしょうか。

3 ■ 自己決定権とは何か？

【関連条文】
第13条【個人の尊重・幸福追求権・公共の福祉】すべて国民は，個人として尊重される。生命，自由及び幸福追求に対する国民の権利については，公共の福祉に反しない限り，立法その他の国政の上で，最大の尊重を必要とする。

1 なぜ自己決定権なのか

　自己決定とは，自分で自分のことを決めるということであり，自己決定権とは，そうする権利のことです。私たちは，自分の人生を自分で決めたいという願望を持っています。日常生活のありふれた事柄，たとえば，朝何時に起きるかとか，どんな食事をとるかとかについて，それらは，憲法における思想・良心の自由（19条）や信教の自由（20条）のように，いちいち「起床の自由」とか「食事の自由」とかいう個別の自由権規定で保障されているわけではありません。しかし，もしこのような自由が国家（権力）によって侵害されるようなことがあれば，誰もがそれを人権侵害だと思うことでしょう。生活の一挙一動が規制され，自分の判断で自己決定ができないのなら，それは人間の生活とはいえないものになってしまいます。自己決定権が語られるきっかけが，ここにあります。

　私たちは，私生活においては自分の必要と欲求に従う自由があり，私的な事柄について自由に決定することは当然であると思っていますが，実際は，法ないし公権力による規制もなされています。一例をあげますと，登山が条例（たとえば，群馬県谷川岳遭難防止条例）で規制されているのがそれです。そこには，無謀な登山者への規制措置は登山者保護的色彩をもつ，という視点があります。わが国では，むしろ，本人のためを思ってする自由の制約——「パターナリス

ティックな制約」、つまり慈悲溢れる父親のように、本人のためを思ってする制約——が歓迎されてきたともいわれています。

　ところが、近年、「管理社会」化——能率至上の画一的取扱いによる自己実現の困難化——の進行と、国民の権利意識の高まりや（個人主義の価値を徹底し）自己決定・自己実現を価値の核心とする新しい人権観の強まりを背景にして、自己決定権が盛んに語られるようになりました。たとえば、私たちはみずからが運命の形成者や人生の作者となるべきであり、そのためには自己決定の自由が保障されなければならず、そうして初めて、個性豊かな人格の発展が期待できるのだ、と説かれています。あるいは、選択の自由をより広く認めることの意義に関連して、自己の利益については自分こそが最良の判断者である、ということが強調されています。このようにして、とりわけ1980年代以降、憲法学等において自己決定権というテーマが注目を集めるようになりました。

2　自己決定権の法的根拠

　自己決定権が必要とされ尊重されるべきものであるとしても、その法的根拠をどこに求めるべきでしょうか。憲法はもちろん、法律にも、自己決定権を明文で保障した規定は存在しません。このこともあって、自己決定権は、相手方が国家か私人か、あるいは憲法上の権利か私法上のそれかが明確にされないまま語られることが多いのです。

(1)　13条を根拠にする説（有力説）

　自己決定権は、近年、わが国の憲法学説においては、13条の下でそれを「人権」の1つとして認める説が有力になっています。すなわち、「個人は、一定の個人的に事柄について、公権力から干渉されることなく、自ら決定することができる権利を有すると解され、『幸福追求権』の一部を構成する」（佐藤（幸）①）とする説です。この説によれば、まず、「人権とは、人が人格的自律の存在として自己を主張し、そのような存在としてあり続ける上で不可欠な権利である」と把握されます。その上で、13条「後段の『幸福追求権』は、前段

の『個人の尊厳』原理と結びついて，人格的自律の存在として自己を主張し，そのような存在であり続ける上で必要不可欠な権利・自由を包摂する権利である」と解されます。そうして，13条の幸福追求権から，憲法第3章の個別的基本権規定でカバーされる権利・自由を除く，13条によって補充的に保障される「人格的生存に不可欠な」権利・自由を，「狭義の人格的自律権」と呼んでいます。自己決定権とは，この狭義の人格的自律権の一部を構成するものとされます。つまり，自己決定権は，狭義の人格的自律権から，人格価値そのものにまつわる権利（名誉権，プライバシーの権利，環境権等）や適正な手続的処遇を受ける権利などを除いた（最狭義の）人格的自律権に相当する，ということになります。

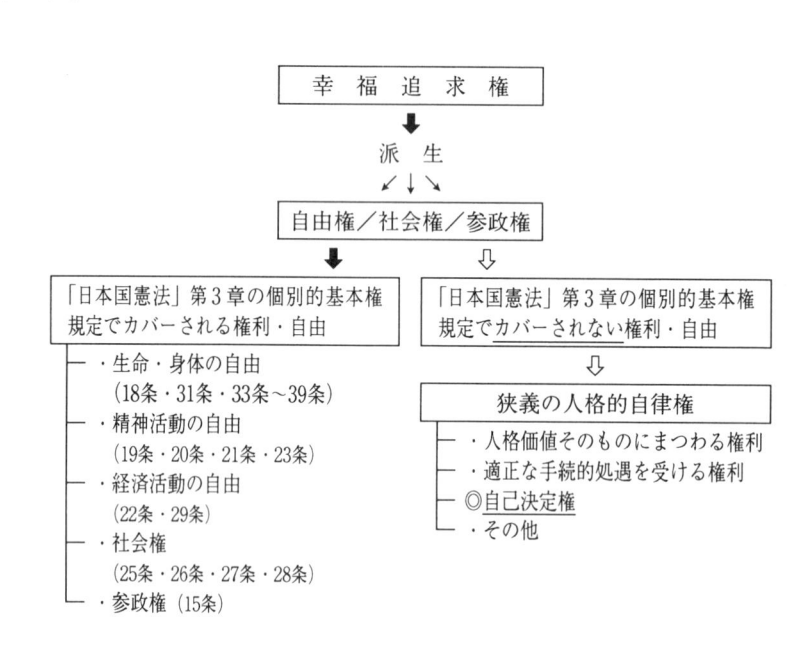

```
                    幸 福 追 求 権
                         │
                        派 生
                       ↙ ↓ ↘
                 自由権／社会権／参政権
                    ↙              ↘
    「日本国憲法」第3章の個別的基本権    「日本国憲法」第3章の個別的基本権
    規定でカバーされる権利・自由        規定でカバーされない権利・自由
      ├・生命・身体の自由                      ↓
      │  （18条・31条・33条～39条）      狭義の人格的自律権
      ├・精神活動の自由                 ├・人格価値そのものにまつわる権利
      │  （19条・20条・21条・23条）     ├・適正な手続的処遇を受ける権利
      ├・経済活動の自由                 ├◎自己決定権
      │  （22条・29条）                 └・その他
      ├・社会権
      │  （25条・26条・27条・28条）
      └・参政権（15条）
```

憲法に明示されていない具体的権利を，このように13条から導き出しうることについては，学説も判例もほぼ一致しています。しかし，そこで主張されている「権利」の内容は，「新しい人権」として提唱されているプライバシー権

や環境権から，嫌煙権や平面歩行権に至るまで，多岐にわたっています。これらの「権利」をすべて憲法上の具体的権利とみなすことは「人権のインフレ化」（奥平①）を引き起こし，かえって，そのような「権利」を制限する「公共の福祉」の登場を促す危険を内包しているので妥当でないとする見方もあります。ですから，主張されているそれぞれの「権利」ごとに，憲法上の具体的権利とみなすべき根拠，その権利の内実と射程，個別的基本権条項との関係等を個別的に検討していくことが必要となります。

(2) 有力説への批判

自己決定権を憲法13条から具体的権利として導き出すことに対しては，消極的ないし否定的な見解もあります。たとえば，「たしかに，幸福追求というのは，あらゆる自由の目的であるともいえるが，これを根拠にして，ただちに，具体的な人権を導き出すことは難しいであろう……思想にしろ，宗教にしろ，職業にしろ，移転にしろ，自己決定の結果であると考えれば，自己決定権というのは，右の諸自由の上位概念であると考えることもできる」（山田）とする見解があります。この考え方は，表現の自由にしても信教の自由にしても営業の自由にしても，自由権というものの基礎にはすべて「何かをする・しない」の自己決定権があるので，自己決定権とは特別の人権の名称ではなく，「自由一般の本質をいいあらわしたもの」（棟居①）であるという考え方に連なっています。このような考え方に立てば，自己決定権は，必ずしもプライバシー権や環境権等と同じように「新しい人権」の1つとして捉えられないことになります。

3　自己決定権には何が含まれるか

(1) 一般的自由権説

13条の（包括的な人権としての）幸福追求権は，人の生活活動全般にわたって成立する一般的自由権であるとする説があります。この一般的自由権説（一般的自由説）は，「自己決定の自由といっても，個人の人格に関わる決定から

単なる嗜好・好奇心等に基づく決定まで，その範囲は広い」（戸波）とし，権利侵害を広く憲法上の人権侵害と構成してその救済を容易にすることを目指しており，またそれが社会実体にもより適合的であると主張しています。

この説に対しては，ありとあらゆる自由が「人権」として承認されることになれば，表現の自由や信教の自由などが，憲法上「人権」として保障されていることの意義が崩れ，「人権」であっても，そのことは大した意味を持たなくなる危険性があるとする（松井）批判があります。

(2) 人格的価値保障説

人格的価値保障説（人格的自律権説，人格利益説）は，幸福追求権を個人の人格的生存に不可欠な利益を内容とする権利の総体であるとします。この説は，「人間を尊厳をもった存在と考えようとすれば，人間を人格的自律性（personal autonomy）をもった存在と考えなければならない」（佐藤（幸）②）という前提から出発し，「一定の個人的事柄」に関し，かつ「人格的生存に不可欠なもの」——①「自己の生命，身体の処分にかかわる事柄」，②「家族の形成・維持にかかわる事柄」，③「リプロダクションにかかわる事柄」，④「その他の事柄」——が自己決定権として保障され，その侵害に対しては厳格な審査がなされるとしています。この説は，単なる趣味・嗜好にすぎないものまで憲法上の権利・自由に高めることをしないで，いわゆる人権のインフレ化を避け，また裁判官の主観的判断による権利の創設を抑制しようとしています。

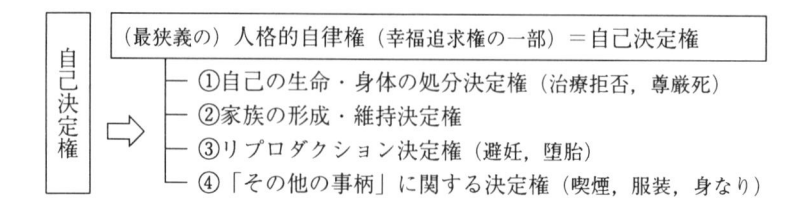

自己決定権 ⇒ （最狭義の）人格的自律権（幸福追求権の一部）＝自己決定権
- ①自己の生命・身体の処分決定権（治療拒否，尊厳死）
- ②家族の形成・維持決定権
- ③リプロダクション決定権（避妊，堕胎）
- ④「その他の事柄」に関する決定権（喫煙，服装，身なり）

臓器移植法に基づく脳死患者からの臓器移植

脳死判定日	提供病院（提供者）	臓器	実施病院	移植患者
平成11年2月28日	高知赤十字（40代女性）	心臓 肝臓 腎臓 腎臓 角膜 角膜	大阪大 信州大 東北大 国立長崎中央 高知医大	40代男性 40代男性 40代女性 40代女性 70代女性 40代女性
5月12日	慶応大（30代男性）	心臓 腎臓 腎臓	国立循環器病センター 国立佐倉 東大医科研	40代男性 30代男性 50代男性
6月13日	古川市立（20代男性）	心臓 肝臓 腎臓 腎臓	国立循環器病センター 京都大 福島県立医大 仙台社会保険	50代男性 3歳男児 30代男性 20代男性
6月24日	千里救命救急センター（50代男性）	腎臓 腎臓	奈良県立医大 兵庫県立西宮	50代女性 40代男性
12年3月28日	駿河台日大（20代）	心臓 肝臓 肝臓 肺 肺 腎臓 腎臓	大阪大 京都大 信州大 東北大 大阪大 千葉大 筑波大	8歳男児 6歳女児 60代女性 30代女性 40代女性 50代男性 50代女性
4月15日	由利組合総合（40代女性）	心臓 肝臓 肺	国立循環器病センター 京都大 岡山大	不明 30代男性 20代女性
4月25日	杏林大（50代女性）	心臓 肝臓 膵臓 腎臓 （同時） 腎臓	大阪大 京都大 ｝大阪大 信楽園	40代男性 30代男性 30代男性 30代男性
7月8日	福岡の病院（20代女性）	心臓 左肺のみ 肝臓 腎臓 腎臓	国立循環器病センター 東北大 京都大 市立札幌 東京女子医大	40代女性 40代女性 10代女性 50代男性 50代男性

『産経新聞』2000年4月16日等参照。

憲法上の自己決定権としてこれまで論議されてきたものには，①治療拒否，尊厳死・安楽死，臓器移植などの自己の生命・身体の処分にかかわる事柄のほかに，②結婚，離婚等の家族の形成・維持に関する事柄，③避妊，人工妊娠中絶などの生む生まない自由，④服装，髪型，喫煙，飲酒，登山，性的自由などのライフ・スタイルにかかわる事柄があり，多岐にわたっています。

(3) 自己決定権の範囲

このように，幸福追求権の性格理解のしかたの違いが自己決定権の中身の違いをもたらしていますが，具体的には，後述するように，髪型の自由，バイクに乗る自由などのライフ・スタイルの決定権が憲法上の自己決定権の範囲に入るか否かで対立が見られます。

(1)説と(2)説には，人権概念の本質，とりわけ人権主体をどう考えるかという点について，根本的な違いが見られます。一般的自由権説は，人格的価値保障説に対して，「人格」といった概念は曖昧であり，「自律」といっても幻想にすぎないと批判し，人権主体に関して，むしろ「ありのままの人間」の特性にこそ人権の基礎を求めるべきだと主張しています。これに対して，人格的価値保障説は，「詐欺や窃盗をなし，人を殺したりすることもある『ありのままの人間』の特性に，どうして規範的な権利を基礎づけることができるのか，私には疑問に思われるのです」（佐藤(幸)③）と反論しています。

憲法上の自己決定権の範囲は，一般的に，人格的価値保障説よりも一般的自由権説の方が広くなることは確かです。しかし，いかなる自由が憲法上の自己決定権と解されるかについては，いまだ定説を見ていません。たとえば，校則でしばしば制約される髪型の自由と，バイクに乗る自由について，一般的自由権説は，当然，髪型の自由もバイクに乗る自由も13条の保障するところであるとしています。一方，人格的価値保障説の場合，いずれの自由も人格的生存に不可欠とはいえないので自己決定権には含まれないとする見解と，髪型の自由は自己決定権とされるがバイクに乗る自由はそうではないとする見解とに分かれています。

この点について，判例の立場は一致を見ていません。髪型の自由は人格価値

と直結するが、運転免許取得の自由はそうではないとして、髪型の自由のみを13条により保障されるとする判例（東京地判平3・6・21）がある一方、免許取得の自由も13条により保障されるとする判例（高松高判平2・2・19）もあります。なお、最高裁は、在監者の喫煙の自由に関する昭和45年判決において「喫煙の自由は、13条の保障する基本的人権の一に含まれるとしても、あらゆる時、所において保障されなければならないものではない」として13条に言及したことがありますが、自己決定権について明確に判断を下したことはありません。換言すれば、自己決定権を憲法上の権利として正面から認めた判例はありません。

近年、自己決定権の尊重がさまざまな分野で叫ばれていることについて、（パターナリズム過剰気味のわが国においては）積極的な意義を認める見解が少なくないですが、留意しなければならないこともあります。たとえば、医療において、人工呼吸・栄養補給の停止などを求める尊厳死が認められるとすれば、医師に注射等の積極的措置を求めて自己の生命を絶つ権利、さらには「自殺の権利」まで導き出されるのではないか、自己決定が許されるのはどこまでか、という困難な問題も生じるのです。この難問について、今日の学説は、"自己決定権は自己決定の基礎にある生命や判断能力を喪失させる処分には及ばない"という論理で解決をはかろうとしています（阪本）。

なお、未成年者についても、原則として、自己決定権は認められるとされます。したがって、校則による安易な規制は許されないことになります。ただ、未成熟な判断能力をもって行う選択が長期的にみて未成年者の将来の選択の幅を著しく狭める蓋然性のある場合には、一定のパターナリスティックな制約が認められるとする見解もあります。

COLUMN

「茶髪にする」権利は

某私立高校の生徒A子さんは、校則で禁止されていた頭髪の染色を行い、茶髪にしました。当該高校の職員会議は、頭髪の染色禁止校則に違反した

ことを理由に，A子さんに対する懲戒を決定しました。これに対してA子さんは，憲法の人権規定は私立高校の在学関係にも適用され，校則で茶髪を禁止することは，憲法13条の幸福追求権（自己決定権）を侵害するもので，校則は無効だと主張しました。

A子さんのこの主張をどう考えますか。

> 某私立高校の校則：
> 1．服装は清潔簡素を旨とし，常に制服を着用する。
> 2．登下校時は必ず制服を着用する。
> 3．定められた制服には，手を加えてはいけない。
> 4．頭髪は学生らしい形に整え，パーマ，ウェーブ，染色，脱色等は厳禁する。

どう考えたらよいか

憲法のどこにも，「茶髪にする権利を保障する」とは書いてません。しかし，憲法は，「生命・自由及び幸福追求に対する国民の権利」（13条）という一般的な規定を置くことで，個々の人権規定でカバーできない権利主張に対応できる仕組みになっています。そこで，まず問題なのは，茶髪にすること（つまり，自分の髪型や身なりを自分の好みで決めること）が，13条の幸福追求権，とりわけ，それの一部を構成するとされる自己決定権に含まれるかどうかということです。

(1) 13条の自己決定権は，「人格」という実体的価値にとって必要な人間の利益を保護する規定だと考えることができます（人格的価値保障説）。とすると，一方において，ⓐ茶髪にするしないは，信教の自由や表現の自由とは同列に論じられない，人格にとって必要とはいえない些細な問題だという見方が成り立ちます。他方において，ⓑ髪型・身なりの選択は，人格の核を取り囲み，全体としてそれぞれの人のその人らしさを形成しており，人格的自律を全うさせるために手段的に一定の憲法的保護を及ぼす必要があるとも考えられます。A子さんの場合がこれに当たれば，茶髪にする権利は，憲法13条で保護されるべきものであるということになります。

(2) 13条は，個々の人権規定の保護から漏れてしまう"あらゆる"権利を保障しているという説（一般的自由権説）に立てば，茶髪にする権利は自己決定権に含まれるということになります。例題の場合，この説に立てば，茶髪にする権利の保護が人格にとって必要（重要）なものか否かの価

値判断を先に行うことなく、A子さんに対する茶髪規制が人権規制（侵害）に当たるかどうかを問題にし吟味することができます。

次に、例題の場合、茶髪を禁止しているのが私立高校の校則であり、規制の対象がその生徒とされている点が問題となります。近代法の体系は、公法と私法との二分論に立脚し、憲法は公法秩序に属するものとして、その保障する人権も、対国家との関係のもと理解されてきました。私立高校と生徒A子さんとの関係は私人間の関係であり、したがって、両者の関係は憲法の直接の規律の対象ではないということになります。私人間ではお互いの自由意思が尊重されるという私的自治の原則がありますが、この原則にのっとる立場からは、私学の校則で何を決めようが人権規制に当たらないという主張も起こりうるわけです。

しかしながら、憲法の人権規定は、場合によっては私人間にも妥当すると考えるべきだとする説もあります。たとえば、人権の保障規定は直接には対公権力との関係のものであるとしても、私人間の人権侵害行為を排除するのに必要（十分）な立法措置が期待できない場合には、それを禁止する法律規定がない場合でも、私法の一般条項等を通じて、当該人権侵害行為を排除すべきであるとする考え方（間接適用説）があります。私立高校の校則は一種の契約といえますから、この説に立てば、校則が実質的に生徒の人権を規制し、人権侵害と同じ結果が生じていると見られる場合には、その校則は直接的には私法の一般条項、つまり民法90条――「公序良俗」に反する契約は無効――に違反するということになります。

例題の場合、校則の茶髪規制がA子さんを含む生徒の教育に必要不可欠なものか、あるいは、憲法・教育基本法・学校教育法の精神からみて正当なものであるかを吟味する必要があります。そうしてそれが、正当とされる（必要最小限の）パターナリスティックな制約とは認められない場合、かつその上で、茶髪にする・しないの選択を、生徒A子さんの自主的判断に委ねるのが憲法上の自己決定権の趣旨を生かす道であると認めることができる場合には、茶髪を禁ずる校則は、A子さんの自己決定を規制し自己決定権を侵害すると見られることになり、直接的には、民法（「公序良俗」規定）違反の校則ということになるわけです。

4　医療における自己決定権

(1) 患者の自己決定権の特質

　近年，自己決定権に関連して，「インフォームド・コンセント（Informed Consent）」（説明にもとづく同意）ということが広く主張されてきています。それは，医療における患者の自己決定権について妥当するもので，憲法上の自己決定権一般について広く妥当するものとみるべきではないといわれます。といいますのは，「十分に説明を聞いたり考えたりせずに，その場ですぐに判断を下してしまうのも，自己決定権の行使の一態様といえる」（内野②）からです。自己決定権の主体は，「自分の私的問題を自分で決める権利」，あるいは，「一定の個人的事柄について，公権力から干渉されることなく，自ら決定することができる権利」という定義の「自分」，「個人」，「みずから」などの言葉からもイメージされるように，一人の個人が念頭に置かれています。「インフォームド・コンセント」を基礎とする患者の自己決定権の場合には，最終的な意思決定が患者本人によるものであっても，"医師（他者）の助けを借りて"行使されるものである点にその特徴があります。

　また，「インフォームド・コンセント」の法理は，医師と患者という私人間の関係に適用される私法上のものです。アメリカの場合，この「インフォームド・コンセント」法理の確立を契機とする「患者の自己決定権」が，私法上の権利として熟した段階で憲法上の権利として認知されるという歴史的経緯をたどっています。つまり，患者の自己決定権は，アメリカでは，憲法上の権利から演繹的に導かれて私法関係に導入されたのではなく，私法上の権利として熟した段階で憲法上の権利として認知されるに至っています。この点を鑑み，患者の自己決定権を〈憲法上の権利とすること〉について，現段階では「患者にしても，私法上の権利として，医師に対し自己決定権の尊重を求め，それが認められれば十分である」（樋口(範)）とする見解があります。

(2) 患者の自己決定権を積極的に認めた判決

　平成10年2月9日の東京高裁判決は，輸血拒否患者への無断輸血について，

「患者の自己決定権」を全面に押し出して損害賠償を認める初めての判決であったといえます。

> **COLUMN**
>
> **輸血拒否患者（エホバの証人の信者）への無断輸血事件**（東京高判平10・2・9高民集51巻1号1頁）
>
> 　事実の概要は以下の通りです。
>
> 　エホバの証人の信者であったX女（昭和4年生まれ）は，東大医科学研究所附属病院（「医科研」）がエホバの信者に対する手術を無輸血でしていると聞いて，平成4年8月転院しました。Xの長男（エホバの信者）が，母はエホバの信者だから輸血できないと述べたところ，「医科研」の医師は，「いざとなったらセルセイバー（※回転式自己血輸血装置：手術する部位から吸引で回収した患者の血液を洗浄し遠心分離した上で，赤血球だけを患者の体内に戻す装置──ものみの塔聖書冊子協会が受け入れてもよいとしている治療法──）があるから大丈夫です。本人の意思を尊重して，よく話し合いながら，きちんとやっていきます」と答えました。
>
> 　医師団は，術前検討会で，出血量を減らす方針を採用（最大量でも1500ミリリットルの出血で乗り切れると予想）しましたが，Xの腫瘍が大きく，不測の事態から大量出血に至るおそれがあるとし，基本的に輸血は行わないにしても，生命維持が困難な事態に備えて，あらかじめ血液を準備することを決めました。そして，Xと家族に対する手術前の説明の中で，術後出血がある場合には医師の良心に従って治療を行う旨を述べて，やむを得ない場合には輸血をすることを言外に示そうとしました。Xの長男は，「先生方を信頼しています。でも，本人の意思を是非尊重してもらいたいし，ご迷惑をかけたくないので受け取っていただきたい」と言って，Xとその夫が連署した免責証書を手渡しました。医師は，輸血もありうると説明すればXが手術を拒否すると考えて，あえて明確な説明をしませんでした。
>
> 　9月16日，手術がなされ，肝右葉下の腫瘍と周辺臓器が摘出され，その際2245ミリリットルの出血があり，血圧も低下しました。手術操作が終了して閉腹した後，術後管理の安全性の見地から，手術直後に血圧を回復するための措置として，濃厚赤血球600ミリリットル，新鮮凍結血漿600ミリ

リットルが麻酔覚醒前に点滴投与されました。このことは，Xにも家族にも秘匿されました。（手術自体は成功し，Xはその後5年延命しました。）しかし，この輸血が病院関係者から外に漏れ，10月に週刊誌記者の取材申し込みがあり，週刊誌の発刊直前，医師はXらに事実を知らせました。

Xは，輸血をしないとの約束に反した債務不履行と，Xの自己決定権および信仰上の良心を侵害した不法行為とを理由に，慰謝料1,000万円，弁護士費用200万円の損害賠償を求めて訴えました。

東京高裁は，第一審・東京地決（平9・3・12）——いかなる場合も輸血しないとの約束は，公序良俗違反で無効。救命のための輸血は社会的正当行為。——を覆し，患者側（患者は一審判決後死亡。その夫が訴訟を継承）の訴えを認めました。

[判旨（患者の自己決定権に関連する部分）]

(1) 医師は「相対的無輸血（㊟できるかぎり輸血をしないこと）の治療方針を採用していながら，（患者に対し）この方針の説明を」しなかった。

医師は患者が「絶対的無輸血（㊟いかなる事態に至っても輸血をしないこと）に固執していることを認識した以上」，医師の治療方針を「説明してなお医科研における入院治療を継続するか否か特に本件手術を受けるかどうかの選択を与えるべきであった」。

(2) 本件のような手術の同意は，「各個人が有する人生のあり方（ライフスタイル）は自らが決定することができるという自己決定権に由来する」。

「いかなる場合であっても医師が救命（本件はむしろ延命）のため手術を必要と判断すれば患者が拒否しても手術してよいとすること」は自己決定権を否定するものであり，是認することはできない。患者は説明を受けていれば，本件手術に同意しない「選択をしたものと認められる」。

(3) 患者は「医療における自己決定権及び信教上の良心を侵害され，これにより被った精神的苦痛は，大きいものがあったものと認められる」。

(4) 自己決定権侵害および信教の自由の侵害による不法行為責任を認め，（いくつかの事情を斟酌して）慰謝料を50万円（弁護士費用分としてプラス5万円）にとどめる。

事実関係についていえば，「医科研」の医師団が場合によっては輸血をするという方針を採用していながら，患者側にこの方針の（明確な）説明をしていませんでした。この点については，次のような見方が参考になります。すなわち，「東大医研の付属病院という最高・最終の（その意味でのターミナルの）医療機関であるという自負もあってか，医師の側も無輸血手術で成功させてみせると大見栄を切ったようだ。その手前，予後も含めて手術の成功を確かなものにし，しかもこんな難手術を無輸血でこなしたんだぞという格好をつけたいばかりに，エリート医師たちが一芝居うつ羽目になったのが本件のおこりである。」（棟居）という見方です。

　本件は，憲法的には，むしろ信教の自由（20条）の問題と深く関わっているといえます。といいますのは，医学的には本人にリスクのある輸血拒否という信条も，それ自体は，20条1項の信教の自由（あるいは，19条の思想・良心の自由）による保護の対象となるからです。また，自己決定権については，医師と患者という私人間（私法領域）における患者の自己決定権，つまり，"私法上の自己決定権"として捉えられているということができます。

　なお，最高裁判決（平12・2・29民集54巻2号582頁）は，東京高裁判決を支持し，「患者が宗教上の信念からどんな場合でも輸血を受けることを拒否するという固い意思を表明しているのに，非常事態には輸血をする方針を決めていながら医師がそれを伝えなかったのは，人格権の侵害」であると判示しました。最高裁は，この判決においても，憲法上明文規定を欠く「自己決定権」について言及しませんでした。また，「人格権」と呼ばれる権利についても，それの憲法的保護について明確な判断を下しませんでした。

4 ■ 男女は平等なのか？

【関連条文】
第14条【法の下の平等，貴族の禁止，栄典】
① すべて国民は，法の下に平等であつて，人種，信条，性別，社会的身分又は門地により，政治的，経済的又は社会的関係において，差別されない。
② 華族その他の貴族の制度は，これを認めない。
③ 栄誉，勲章その他の栄典の授与は，いかなる特権も伴はない。栄典の授与は，現にこれを有し，又は将来これを受ける者の一代に限り，その効力を有する。

第24条【家族生活における個人の尊厳と両性の平等】
① 婚姻は，両性の合意のみに基いて成立し，夫婦が同等の権利を有することを基本として，相互の協力により，維持されなければならない。
② 配偶者の選択，財産権，相続，住居の選定，離婚並びに婚姻及び家族に関するその他の事項に関しては，法律は，個人の尊厳と両性の本質的平等に立脚して，制定されなければならない。

　明治憲法体制の下では，たとえば，選挙権は男性だけに与えられていました。また，民法上，妻は無能力者とされ，刑法においても妻の姦通罪だけが処罰されるなど，女性の法律上の地位は，男性に比べ著しく低いものとされていました。日本国憲法は，人種，信条，社会的身分や門地と並んで，"性別"を理由に「政治的，経済的又は社会的関係において，差別されない」（14条1項）ことを保障しました。その結果，女性を差別する法制度は廃止または改正され，そのほか多くの法律で男女の平等の実現がはかられました。

1 「平等」とは

(1) 「人は生まれながらにして平等」の意味

　人間平等の思想は，古代ギリシャの思想や中世のキリスト教説における「神の前の平等」の観念にも現れていますが，国家による平等取扱を要請する憲法

原理としての平等原則は，自然法思想と結びついて確立されたもので，近代の産物です。この意味における「平等」は，封建的な身分秩序から解放された自律的な市民をつくり出すための必須の条件，つまり，「自由」と不可分のものとして，近代市民革命の旗印となったものです。

　1776年のアメリカの独立宣言は，「われわれは，自明の真理として，すべての人は平等に造られ，造主物によって一定の奪いがたい天賦の権利を付与され，そのなかに生命，自由および幸福の追求の含まれることを信ずる」と表現し，また，1789年のフランスの人権宣言（「人および市民の権利宣言」）は，「人は，自由かつ権利において平等なものとして出生し，かつ生存する」（1条）と規定し，自由とともに平等を高々とうたいあげています。しかしながら，人の現実の生活を直視したとき，私たちは"人は生まれながらにして平等ではない"という実感を抱くのではないでしょうか。実際，私たちは，財力，資力，体力など，多くの点で異なっているのがふつうです。では，それらの宣言は，どのような意味で「人は生まれながらにして平等である」といっているのでしょうか。これについては，次の2つの解答が考えられています。①人は生まれながらにして神の前において平等であるという宗教上の考えを前提にしていっている。②人は平等に取り扱われるべきであるという理想（とくに，権利や自由の享有について，等しく処遇されるべきであるという理想）を示している。もっとも，この当時の宣言における「人」(men) とは，主として「白人男性」を意味しました。つまり，女性や黒人は，「人」とは考えられてはいなかったのです。その後の諸憲法の平等規定が不徹底なのは，このことにも由来しています。

(2)　「平等」の概念

　人間平等の思想は，「すべての人がその人格的価値において等しい」ということを主張するものである，と説明されます。この説明は，「平等」を哲学的・思想的・抽象的レベルにおいて述べるものです。平等の根拠としては，"人格的価値において等しい"から，ということが示されています。しかしながら，憲法解釈論のレベルにおける憲法原理としての平等原則は，ただ単に，そのような抽象的レベルにとどまるものではありません。そのような「平等」

概念を前提に、法律上の取扱について等しくなければならないという法規範的要請を内容とするものです。つまり、国民に権利を与え、義務を課することについての平等を意味するのです。フランス人権宣言の「権利において平等」は、まさにこの意味においていわれています。

平等概念の分類

ⓐ	絶対的平等	相対的平等
ⓑ	形式的平等	実質的平等
ⓒ	機会の平等	結果の平等

平等概念は、ⓐ絶対的平等と相対的平等、ⓑ形式的平等と実質的平等、ⓒ機会の平等と結果の平等などに分類することができます。これらの概念の捉え方は、論者によって異なります。このような分類を採用しない論者もいます。

(i) 絶対的平等と相対的平等

「平等」という概念は、比較を前提にした概念です。したがって、法律上の取扱において平等でなければならないとする、憲法原理としての平等原則は、ある人たちを他の人たちよりよりも、法律上有利または不利に取り扱うことを禁止することを意味します。つまり、それは法律上の均一取扱を要請するものであるといえます。この要請が人間平等の理念にもとづくものである以上、そこにはいかなる例外もあるべきではないとの立場も、概念的には成り立ちえます。これが「絶対的平等」という概念で、すべての人をあらゆる点で等しく処遇する（事実上の差異を一切考慮に入れない）ことを意味します。

しかしながら、各人は決して文字どおりに等しいわけではありません。その事実状態においては千差万別です。こうした各人の事実上の差異を一切捨象して法律上均一に取り扱うことは、かえって不合理な結果を生じることがあります。そのような場合には、事実上の差異を考慮に入れて、法律上異なった取扱を定めることが必要となります。したがって、法律上の均一取扱という憲法の要請にも、一切の例外を認めないとすることはできません。その意味において、平等原則について、「絶対的平等」を貫くことは不可能であるといえます。そこで「相対的平等」という概念が考慮されることになります。「相対的平等」

とは，各人の属性，資質，能力等一定の差異と，ある処遇とを相応・均等させる（事実上の差異を考慮に入れる）ことを意味します。

(ii) 形式的平等と実質的平等

憲法原理としての平等原則は，「すべての人の人格的価値の平等」という理念を前提にしながらも，国家による不平等取扱を禁じるものです。しかしながら，それはそれ以上進んで，実際上存在する社会的・経済的不平等の是正の要求まで含むものではなかったのです。つまり，基本的には「形式的平等」を意味したのです。そのような「形式的平等」が，人間平等の理念から帰結されたのは，近代国家の一定の思想を前提としたからです。そこでは，国家の最大の任務は各人の自由な行動を保障することで，法は，各人に対して行動の"機会"を平等に保障すればよかったのです。そして，それによってもたらされる"結果の不平等"は，各人の能力・働きいかんによるものとして，各人の責任に帰することとされたのです（機会の平等）。このような思想が支配的であった近代国家にあっては，社会的・経済的不平等が存在しても，それについては真剣な考慮が払われず，それを度外視した法的取扱の均一という「形式的平等」が求められたのです。

こうした「機会の平等」の保障を主眼とする「形式的平等」観の下で，結果の不平等が次々と生み出され，それを無視しえない社会的・政治的問題になりました。ここに至って，結果の不平等を各人の責任に帰することの不合理性が認識され，実在する社会的・経済的不平等を是正して「実質的平等」を実現すべきことが，国家に対して求められることになりました。そして，平等の概念は，国家による不平等取扱の禁止という消極的なものにとどまらず，国家による平等の実現という積極的な内容を持つものになりました。

2 憲法の「平等」保障

明治憲法には，一般的に平等原則を定めた規定はありませんでした。ただ，それの19条が，「日本臣民ハ法律命令ノ定ムル所ノ資格ニ応シ均ク文武官ニ任

セラレ及其ノ他ノ公務ニ就クコトヲ得」と規定し，公務就任の機会均等を定めるだけでした。

　日本国憲法は，14条において一般的な平等原則を定めるほか，24条が家族生活における両性の平等をうたい，また，26条で教育の機会均等を定め，さらに，選挙における平等を15条3項および44条が規定して，平等原則の徹底化をはかっています。

(1) 14条の「平等」概念

　14条の定める平等を「絶対的平等」の意味に解そうとするならば，たとえば，平等原則の妥当領域を法の適用・執行の場合に限定するなど，平等原則自体を限定的なものと解さざるをえません。そうでないかぎり，14条の定める平等は，一定の例外を伴う「相対的平等」の意に解すべきであり，またそのように捉えるのが通説の立場です。

　ただ，「相対的平等」の意に解する場合にも，非常に困難な問題に直面することになります。すなわち，憲法上許容される異なった取扱と，憲法上許容されない不平等取扱とを，どのような基準によって区別するかという問題です。この点について，「相対的平等」説は，"合理的な差別は14条1項違反とはいえず，不合理な差別的取扱が違憲となる"と説いていますが，具体的に何が合理的であり，何が不合理であるかを一義的に決することは，きわめて困難です。「相対的平等」説は，平等原則の妥当領域を限定しないかわりに，憲法の要請する平等の意味を一義的に決定しえないという難点を持つことは否定できません。

　また，「形式的平等」について，それのもたらす"結果の不平等"を完全に解消することは，少なくとも「自由」の理念と両立しません。換言すれば，「実質的平等」といっても，それは，個性と能力を重視し，努力に対する正当な評価を求める「自由」の理念とは両立しませんから，徹底した「結果の平等」を意味することにはなりません。それは，むしろ，"形骸化した「機会の平等」を実質的に確保するための基盤形成"という意味にとどまるものとされます。こうして，14条の規定する平等原則自体は，依然として，国家による不

平等取扱の禁止，つまり，法律上の均一取扱の要求という意味にとどまるものであって，「実質的平等」実現のための指針の役割は，憲法の社会権条項（25条〜28条）が担うところとなる，という見方がなされることになります。

(2) 「法の下の平等」の意味

(i) 平等条項の性格

14条1項の定める「法の下の平等」の性格について，通説的見解は，それを，国政の指針を定めた客観的な法原則であると同時に，「平等に取り扱われる権利」ないし「差別されない権利」という個人の主観的権利を保障すると把握します。しかしながら，権利規定でなければ裁判規範となりえないということは，憲法その他どの法律分野においても成り立たないとされていますから，14条1項を「平等原則」を定めた規定と把握しようと「平等権」を定めた規定と把握しようと，平等に取り扱われるべき法律上の権利が不平等に侵害されたときは，当然，本条1項違反を裁判上主張することができます。このことを念頭に置けば，通説的見解が「法原則」という場合，それは，単なる政治的指針ではなく，国政全般を直接拘束する法規範としての原則であるとされるべきでしょう。また，本条1項を，"それ自体として"主観的権利を保障する規定であると捉えていますが，「権利」というからには，どのような関係において，あるいは，どのような権利・利益について，平等に取り扱われ差別されないかということが重要になるはずです。しかし，この点を軽視し捨象して，単に「平等権」といってみても，それ自体は「権利として無内容なもの」にならざるをえません。このようにいうのは，いいすぎでしょうか。

(ii) 立法者拘束説と非拘束説

14条1項の定める「法の下の平等」は，国政全般を直接拘束する法原則とみることができます。立法者を拘束するか否かについては，学説上争いがありました。平等原則の立法者拘束性について，ドイツでは，ワイマール憲法109条の「法律の前の平等」をめぐって議論が展開されました。そこでは，「法律の前の平等」は法律の適用の平等のことで，平等原則の拘束は行政・司法にのみ及び，立法者を拘束しないと考えられました（現在は，立法者拘束説が通説）。

ドイツでの議論を受けて，わが国でも，14条1項の定める「法の下の平等」は法適用の平等を意味し，立法者を拘束しないとする説が主張されました。もっとも，わが国の立法者非拘束説は，14条1項の立法者拘束性をまったく否定するものではありません。つまり，前段と後段とを区別し，前段の一般的平等原則は法適用の平等を意味しますが，後段の人種・信条等による差別の禁止は立法者をも拘束するものと解しました。しかし，この説のように，立法上の差別禁止事由を，14条1項後段の列挙事由に限定することを根拠づける積極的な理由はありません。法が，後段列挙事由以外の事由にもとづく不平等取扱を定める場合，14条違反の問題を一切生じないとすることは，必ずしも妥当ではありません。また，後段列挙事由にもとづく立法上の別異取扱が，常に絶対的に禁止されるというのであれば，今日一般に支持されている女性の労働保護規定（後述）などは説明困難となります。14条1項の定める平等原則は，後段に限定されず，一般的に立法者をも拘束すると解すべきです。本条は「不合理な差別」を禁じるものであって，「合理的区別」，つまり，合理的理由にもとづく不均一取扱は本条の禁じるところではありません。

立法者非拘束説をとる学説は，今日，ほとんど見当たりません。判例は，平等原則が立法者をも拘束することを明言していませんが，法令の規定内容が14条1項に違反するか否かを論じたものは数多くあります。つまり，本条1項の規定が立法者をも拘束するものであることを，当然の前提としているといえます。

　(iii)　1項前段と後段との関係

立法者拘束説にあっても，14条1項前段の「法の下の平等」の一般原則と，後段の人種・信条等による差別の禁止とが，どのような関係に立つかについては議論があります。14条1項後段に掲げられている列挙事由の意味合いについては，厳密に考慮する立場からゆるやかに考える立場へと順に整理すると，次のようになります。①そこに掲げた以上は，それにかぎり格別の意味がある，すなわち，列挙事由にもとづく差別は絶対に禁止されるとする立場（限定的列挙説）。②列挙事由は，これまで歴史的にも差別の原因とされてきた事柄であ

るので、不合理な取扱の代表例としての意味があるとする立場（代表的例示説）。③列挙事由には、深い意味合いはなく、単に例を示しただけであるとする立場（単純例示説）。これらのうち、①はあまりに厳密にすぎ、③ではあまりに安易にすぎます。したがって、②の捉え方が正当であると解されます。

(3) 平等原則と平等権

14条の定める「法の下の平等」にはさまざまな論点がありますが、比較的新しい論点として、平等原則か平等権かというそれがあります。この点について、通説的立場は、平等原則と呼ぶか平等権と呼ぶかによって内容的な違いが生じるとは考えていません。一般的には、「原則」は客観的に国の行為を制限する規範という側面から観念され、「権利」は個人の側から主観的に観念されるものといえますが、人権の保障は常にそのような両面を持つものですから、「原則」と呼ぼうと「権利」と呼ぼうと、どちらでもかまわないはずだということになります。

これに対して、平等原則と平等権を区別して考えようとする立場もあります。たとえば、平等原則だけでは司法的救済を得られないので、平等権ということを強調する必要があると考える立場があります。しかしながら、権利といっても、何をどの程度主張できるかは権利ごとにかなりまちまちです。権利規定でなければ裁判規範になり得ないということは、どの法分野においても成り立たないとされています。平等に取り扱われるべき法律上の権利が不平等に侵害されたときは、当然、14条1項違反となります。それを裁判上主張しうることについては、14条1項を、「平等原則」を定めたものといおうと、「平等権」を定めたものといおうと、変わるものではありません。

(4) 「差別」をめぐる問題

(i) 「差別」の概念

14条1項の構造は、「法の下に平等であって」「差別されない」となります。「差別されない」と断定的になっていますが、「差別してはならない」という意味も含まれているのです。つまり、14条1項は、国民の「差別されない権利」を保障すると同時に、国に対して差別を禁止しているのです。

「差別」とは、何を意味するのでしょうか。これまでの憲法学においては、この言葉を価値中立的に用いる説もありました。たとえば、「合理的差別」「不合理な差別」というように、単に「区別」と同義で用いながら、「不合理な差別」だけを憲法上禁止されるとする説です。このこともあって、これまであまり論議の対象になりませんでしたが、最近では、「差別」を社会的に否定的ニュアンスを持つ言葉として用いる例も増えてきています。一例を挙げますと、国連人権委員会で提出された定義、つまり、差別とは「個人に帰することが出来ない根拠に基づいた有害な区別」ないし「何等かの特定の社会的カテゴリーに属する人々に対して、権利や社会的な利益を拒否することによって、不平等なあるいは非好意的な取り扱いをすること」（『年報差別問題研究1』明石書店）が、それです。しかしながら、「有害な」とは何か、「不平等」あるいは「非好意的な」とは何かが、さらに問題となります。そうして、堂々めぐりに陥ることになってしまいます。それほど、「平等」や「差別」を概念的に規定することは難しいのです。

(ⅱ) アファーマティヴ・アクション（積極的差別解消策）

憲法にいかに平等が規定され保障されていようとも、現実には差別はなくなりません。個人の属性の1つあるいはいくつかを理由として、差別を受けることがあります。その属性を共有する特定集団の一員であるということだけで差別を受ける側に立つこともあります。たとえば、「女性」であるとか、「黒人」であるというだけで、偏見を持たれ、その人の能力・資質等が不当に（一方的に）判断されます。

歴史的に差別されてきた少数派集団に対する差別を解消する方策として、アメリカにおいて論議され、導入されたのが、アファーマティブ・アクション（積極的差別解消策）です。これは、特定集団の成員を他の集団の成員よりも優遇扱いすることから、「優先処遇」ともいわれています。主に雇用や教育分野で実施されており、たとえば、就職や昇進の際にマイノリティ（少数派）集団を優先したり、メディカル・スクール（医学校）への入学判定の際にマイノリティ集団を優遇することなどを通して、当該集団の社会的地位向上を図る施策

をいいます。しかし，それが「逆差別」であるとか，優遇される集団に対してかえって「劣等」の烙印を押すことになるのではないのか，という疑問も提出されています。

3 男女の平等

(1) 性差別撤廃の動き

　明治憲法における平等の観念はきわめて不完全なものでしたが，その不完全性は，性別による差別にも現れていました。男女の差別は当然のこととされ，すべての法律関係において女子は不利益に差別され，不平等な取扱がなされていました。日本国憲法の制定に伴い，女性を差別する諸制度は，廃止または改正され，その他多くの法律で男女の平等の実現がはかられました。しかし，社会における事実上の差別は直ちに解消するものではなく，労働関係においても，採用における差別をはじめ，結婚や出産に伴う退職や，男性より早く定年とする若年退職等が就業規則等で定められているのが珍しくありませんでした。これらの違憲違法を訴える訴訟が各地で提起されました。その結果，たとえば，若年定年制について，最高裁は，憲法の趣旨にもとづき「会社の就業規則中女子の定年年齢を男子より低く定めた部分は，専ら女子であることのみを理由として差別したことに帰着するものであり，性別のみによる不合理な差別を定めたものとして民法90条の規定により無効である」としました（昭和56年3月24日）。

　性差別撤廃に関しては，1981年の「女子に対するあらゆる形態の差別の撤廃に関する条約」の批准と，それに伴う国内法の整備が評価されます。この条約は，「社会及び家庭における男子の伝統的役割を女子の役割とともに変更することが男女の完全な平等の達成に必要であることを認識し，女子に対する差別の撤廃に関する宣言に掲げられている諸原則を実施すること及びこのために女子に対するあらゆる形態の差別を撤廃するための必要な措置をとることを決意」（同条約前文）したもので，昭和54年の国連第34回総会で採択され，昭和56

年に発効しました。日本は，昭和55年に署名し，国内法において，父系血統主義を父母両系血統主義に改めた昭和59年の国籍法の改正，昭和60年の男女雇用機会均等法の制定，家庭科教育の見直しなど，国内法制度の整備をはかったうえで，昭和60年に批准しました。

COLUMN

セックスとジェンダー

　性別には，生物学的なオス・メスの区別（sex）と，文化的・社会的につくられた性イメージ（gender）とがあります。「性差別」をもたらすものには，ジェンダーがあることに留意しなければなりません。「男らしくない」とか「女らしくしなさい」と言う場合には，このジェンダーの意味が紛れ込んでいます。その場合には，ステレオタイプ思考（固定化された性のイメージ）あるいは性役割分担論（男は仕事，女は家庭）にとらわれているということになります。

---

(2) 男女雇用平等

(i) 男女雇用機会均等法と女性差別の是正

　性別による差別禁止が雇用の場においても実現されることを「男女雇用平等」といいます。それは，募集・採用に始まり，配置，教育訓練，福利厚生の利用，そして退職に至るまでの雇用のすべてのステージで，性差に関係なく労働者が平等に取り扱われることを意味します。昭和60年の男女雇用機会均等法は，募集，採用，配置，昇進に関する男女の機会を均等にする努力義務を企業に課し，教育訓練や福利厚生，定年・退職・解雇に関する差別を禁止しました。しかし，これでは不十分だとする意見も強く，そのため，施行状況を睨みながら検討を加え必要な措置を講じる旨の付則が置かれました。その後「バブル経済」崩壊後の不況の中で女性の採用差別が強まり，賃金，昇進面での差別も解消されていない実体が明らかになりました。そこで労働省は，平成6年4月，①男女別に採用人数を明示した募集，②男女別にした会社概要送付・企業説明

会開催，③結婚を理由とした女性の配置・昇進差別などを禁止する方針を打ち出しました。平成9年6月には，男女雇用機会均等法の改正が行われました。その主な内容は，次のとおりです（改正の主要部分は平成11年4月から施行）。
① 募集・採用・配置・昇進について，努力義務を禁止規定に改める。
② 事実上の男女格差をなくすために，企業がポジティブ・アクション（事実上女性が満たしにくい基準等を修正して，男女にとって，より公正で透明な雇用管理を行うための各種の積極的な施策）を講じるときには，国が援助することができる。
③ 禁止規定の是正勧告に従わない使用者に対しては，労働大臣が企業名を公表することができる。
④ 使用者の同意がなくても紛争解決のための調停が開始される。調停の申請を理由とする不利益取扱が禁止される。
⑤ 使用者にセクシュアル・ハラスメント防止のための配慮義務を課す。

男女雇用機会均等法の改正（平成9年）に伴って，労働基準法の改正（同年）が行われ，労働時間に関する女性保護規定——女性のみを対象とする時間外・休日労働の上限制限と深夜業の原則禁止規定——が撤廃されました（平成11年4月から施行）。もっとも，女性のみの保護規定を撤廃すれば，健康破壊や家庭崩壊が進み，女性を不安定で低賃金のパート労働に追いやることになるという批判があります。今後は，家族的責任を持つ男女労働者（育児・介護労働者）と，一般の男女労働者について，それぞれに，深夜業や時間外労働をどのように規定すべきかという方向で議論を深める必要があります。

(ii) セクシュアル・ハラスメントの立法規制

セクシュアル・ハラスメントに関する立法規制は，長らく存在しませんでしたが，平成9年の改正・男女雇用機会均等法21条は，セクシュアル・ハラスメントの防止に関する事業主の配慮義務という形で規制を実施しました。すなわち，同条は「事業主は，職場において行なわれる性的な言動に対するその雇用する女性労働者の対応により当該女性労働者がその労働条件につき不利益を受け，又は当該性的な言動により……就業環境が害されることのないよう雇用管

理上必要な配慮をしなければならない」(1項) と規定し，この配慮義務を具体化するための指針を設ける (2項) こととしました。そしてこの指針は，対価型セクシュアル・ハラスメントを，職場における女性労働者の意に反する性的行動に対する労働者の対応により，「女性労働者が解雇，降格，減給等の不利益を受けること」(指針二(4)) と定義しました。他方，環境型セクシュアル・ハラスメントを，上の言動により，「女性労働者の就業環境が不快なものとなったため，能力の発揮に重大な悪影響が生じる等当該女性労働者が就業するうえで看過できない程度の支障が生じること」(指針二(5)) と定義しました。キーワードとなる「職場」については，「労働者が業務を遂行する場所」を指し，通常の就業場所のほか，取引先の事業所や打合せのための飲食店等も「職場」に該当するとしています (指針二(2))。

　男女雇用機会均等法 (改正) におけるセクシュアル・ハラスメントの規制という政策は，被害者の圧倒的多数が女性であり，セクシュアル・ハラスメントが女性差別の側面を有することに着目したものと思われます。しかしその結果，法的保護の対象は女性に限定され，均等法が女性の雇用差別を規制する法律であるという性格とあいまって，男性に対するセクシュアル・ハラスメントが規制の外におかれることになりました。しかしながら，女性による男性へのセクシュアル・ハラスメントも少数ながら存在すると指摘されています。この点に関しては，男女を問わずセクシュアル・ハラスメントを規制する内容の (一般職公務員を対象とする) 人事院規則「セクシュアル・ハラスメントの防止等」が，参考になります。

COLUMN

セクシュアル・ハラスメント (sexual harassment) とは

　セクシュアル・ハラスメントは，1970年代に，アメリカの女性ジャーナリストがつくった言葉とされています。それは，一般に，「相手方に対して，その意に反して行われる性的な発言・行動」と定義されます。「性的嫌がらせ」と翻訳されることもありますが，セクシュアル・ハラスメン

トの方が定着しています。セクシュアル・ハラスメントには，対価型——上司や管理職がその地位・権限を利用して性的要求を行い，それに応じない場合に処遇上の不利益を課すタイプ——と，環境型——性的行動によって職場環境を悪化させるタイプ——があります。その態様も，直接的な性的行動（相手方への不必要な接触や性的暴行）から，文書・インターネットを用いるもの，言葉によるもの（性的からかい，ジョーク）までさまざまです。もっとも，セクシュアル・ハラスメントのすべてが法律上の問題となるわけではありません。その中には，モラル上は望ましくないにしても，加害者の法的責任までは発生させないケースもあるからです。日本では，セクシュアル・ハラスメントという言葉にかえて，いつの間にか，男性週刊誌のつくった「セクハラ」という言葉が流行してしまいました。セクシュアル・ハラスメントを性差別と捉えている人たちの中にも，「セクハラ」という言葉を使っている人がいるようです（角田由紀子『性の法律学』より）。

5 ■ 宗教はどこまで許されるか？

【関連条文】
第20条【信教の自由】
① 信教の自由は，何人に対してもこれを保障する。いかなる宗教団体も，国から特権を受け，又は政治上の権力を行使してはならない。
② 何人も，宗教上の行為，祝典，儀式又は行事に参加することを強制されない。
③ 国及びその機関は，宗教教育その他いかなる宗教的活動もしてはならない。

　平成7年3月，オウム真理教の幹部たちは東京の地下鉄に毒ガス「サリン」を散布して，12人の乗客・駅員を殺害し，約3,800人に重軽傷を負わせるという未曾有の無差別テロ行為を行いました。また，平成12年5月には，宗教法人「法の華三法行」の教団幹部が詐欺容疑で逮捕されました。このように，宗教の名のもとでの犯罪行為は依然跡を絶ちません。そこで，本章では，信教の自由とはいかなるものか，信教の自由の限界，宗教と国家との関わりはどうあるべきかなどの宗教にかかわる主要な問題を解説し，憲法上宗教がどう扱われているかを一緒に考えてみましょう。

1 信教の自由

(1) 意　義

　信教の自由は，西洋中世における宗教上の権力と政治上の権力との結合による苛酷な異端弾圧（魔女裁判など）の苦闘の経験を経て，近代憲法に導入されたものです。
　信教の自由は，それが個人の精神生活に関わるものであることより，最も重要な人権の1つとされています。

わが国の明治憲法でも、信教の自由は保障されていましたが、神道が国家的保護を受けていた関係もあって、必ずしもその保障は十分なものではありませんでした。

そこで、現行憲法では、「信教の自由は、何人に対してもこれを保障する」(20条1項前段)、また「何人も、宗教上の行為、祝典、儀式又は行事に参加することを強制されない」(20条2項)として、これを直接に保障しています。また、直接的に信教の自由を保障するものではありませんが、国家と宗教との分離を図って間接的に信教の自由を強化しようとするいわゆる「政教分離」と呼ばれる規定が存在しています。「いかなる宗教団体も、国から特権を受け、又は政治上の権力を行使してはならない」(20条1項後段)、「国及びその機関は、宗教教育その他いかなる宗教的活動もしてはならない」(20条3項)がそれに該当しますし、政教分離を財政面から支えるものが、「公金その他の公の財産は、宗教上の組織若しくは団体の使用、便益若しくは維持のため、……これを支出し、又はその利用に供してはならない」(89条後段)という規定です。

(2) 内　　容

信教の自由の内容は、次の3つに分類できます。①は、最も核心的な「信仰の自由」といわれるものですが、これには、信仰しない自由や信仰することを強制されない自由、あるいは信仰の告白を強制されない自由も含まれます。したがって、江戸時代に行われたような「踏絵」は許されません。②は、宗教的行為の自由といわれるものであって、布教、宣伝活動、礼拝、儀式、行事など一切の宗教活動を意味しますが、宗教的行為に参加を強制されないことや、宗教的行為を行わないこともこれに含まれます。③は、宗教的結社の自由であって、宗教団体の結成、不結成、参加、不参加、脱退などの自由を意味しますが、信者個人とは別に、宗教団体としての活動を独立に保障するところに意味があります。

(3) **信教の自由の限界**

上記の3つの信教の自由の内、最初の信仰の自由は内心の自由ですので、その保障は絶対のものでなければなりません。これに対して、宗教的行為の自由

は外部との関わりが発生するために，一般的な法規制を免れるものではありません。他人の権利や自由を侵害することも許されません。したがって，たとえ宗教的行為であっても，それが法秩序に違反する場合には，反社会的行為として規制を免れません。僧侶の加持祈禱治療により患者が心臓麻痺で死亡したケースで，当該僧侶は傷害致死罪（刑法205条）で処断されています（最大判昭38・5・15刑集17巻4号302頁）。また最近では，「法の華三法行」が「足裏診断」を行い，多額の研修費を集めていた事件で，福岡地裁は，足裏診断を「合理性にはなはだ疑問があり，研修に参加させるための悪質な手段というほかない」，「宗教上の名のもとに許される範囲を逸脱している」として，元信者の訴えを認め，教団に約2億2,700万円の損害賠償を命じました（福岡地判平12・4・28）。また，宗教団体は宗教法人法によって教団の維持・運営の便宜のために法人格を取得できますが，宗教法人が著しく公共の福祉を害した場合やその目的を著しく逸脱した場合には裁判所は宗教法人を解散させることができます（同法81条）。オウム真理教はみずからが惹起した凶悪事件のために，宗教法人としての解散命令を受けましたが，最高裁はオウム側の抗告に対して，抗告人（オウム）が「法令に違反して，著しく公共の福祉を害すると明らかに認められ，宗教団体の目的を著しく逸脱した行為をしたことが明らかである。抗告人の右のような行為に対処するには，抗告人を解散し，その法人格を失わせることが必要かつ適切であり」と判示しました（最決平8・1・30民集50巻1号199頁）。

COLUMN

オウム真理教に破防法を適用すべきだったでしょうか

オウム真理教は，松本智津夫（麻原彰晃）を教組として昭和59年に結成された「オウム神仙の会」がその前身であり，昭和62年にオウム真理教と改名し，平成元年8月には法人格を取得しました。その後，平成2年の総選挙での落選を契機に，政教一致のオウム真理王国樹立のために非合法活動による体制変革を目指すようになったとされ，弁護士一家の殺害，松本サリン事件などの凶行を続け，ついには，平成7年3月20日に東京の地下

鉄でサリンを散布し，多数の乗客らを無差別に殺傷するという未曾有のテロ行為に及びました。オウム真理教は，法人格は上記の理由で剝奪されましたが，宗教団体としての活動まで禁止されたわけではないので，宗教団体としての存続・活動を禁止するには，破壊活動防止法（破防法）による解散の適用を待たなければなりません。しかし，公安調査庁の解散請求を受けた公安審査委員会は，平成9年1月，「継続又は反復して将来さらに団体の活動として暴力主義的破壊活動を行う明らかなおそれがあると認めるに足りる十分な理由」（同法7条）がないとして，解散請求を棄却しました。しかし，その後もオウムの活発な活動に対して反対する住民運動が続発したために，事実上オウムを対象にその活動を規制する「団体規制法」が制定され，平成11年12月29日に施行されました。

　このような明らかに法秩序に違反するような宗教的行為の場合は別として，一般には宗教的行為も信教の自由と密接に関連していることより，宗教的行為を規制できる場合であっても，その規制は必要最小限のものでなければなりません。宗教上の理由で高校の剣道の受講を拒否したために単位不足で進級できず退学になった生徒が，処分の取り消しを求めた事件で，第一審は生徒の訴えを棄却しましたが（神戸地判平5・2・22），大阪高裁判決は，「信教の自由を制約することによって得られる公共的利益とそれによって失われる信仰者の利益について，それぞれの利益を法的に認めた目的，重要性，各利益が制限される程度等により，その軽重を比較考量して，信教の自由を制限することが適法であるか否かを決すべき」であるとし，本件の場合，学校側の取り得る代替的措置に比べて，生徒の受ける退学処分の不利益は余りにも大きいとして，学校の処分は裁量権を逸脱した違法なものであるとし生徒の訴えを認めましたが（大阪高判平6・12・22），最高裁判決もこれを支持しました（最判平8・3・8民集50巻3号469頁）。

2　信教の自由と政教分離

(1)　政教分離の由来

　政教分離とは，政治（国家）と宗教を分離することにより，間接的に信教の自由の保障の強化をはかろうとする考えをいいます。

　政教分離の主唱者の一人であったイギリスのロックは，政治は世俗的事柄を扱い，宗教は魂の救済を扱うものであるから，この両者は区別されるべきであり，もし，両者が結合した場合には，異端に対する徹底した弾圧を招くであろうと述べています。このロックの指摘通り，近世ヨーロッパは，旧教徒と新教徒間で争われたドイツ30年戦争やフランスのユグノー戦争に代表されるように宗教戦争の血なまぐさい歴史であったといえますが，このことは決して過去の歴史ではなく，最近では1990年代に起こった旧ユーゴにおける内戦が，宗教戦争の性格を帯びていたことからいかに悲惨な結末をたどったかは私たちの記憶にもまだ新しいことでしょう。このように政教分離は，政治（国家）と宗教とが結合することによる悲惨な戦争や宗教の違いによる国家分裂を回避するために政治的あるいは宗教的妥協策として考案された人類の叡知といってもよいでしょう。

(2)　政教分離の種類

　上記のような考えを理念としての政教分離（広義の政教分離）と呼びますが，単に理念に止まらず，政教分離のために具体的な制度が採用される場合には，それを制度としての政教分離（狭義の政教分離）と呼ぶことができます。もっとも，どのような具体的制度が採用されるかは，それぞれの国の歴史や宗教的伝統，宗教に対する国民の考え方などにより異なるものです。わが国やアメリカ，フランスなどの国は，制度としての政教分離を採用していますが，イギリスは，国教制度を採用しており，ドイツでは教会は公法人であり，教会は租税徴収権を有していることより折衷的な制度を採用しています。このように，政教分離の考えは必ずしも具体的な制度と結びつくものではありませんが，制度と結合することによって，間接的に信教の自由を強化しようとするものである

といえます。

(3) 学説——完全分離説と限定分離説

政教分離制度の理解については，2つの見解が対立しています。1つは，完全分離説という見解であって，これは国家が特定の宗教や宗派と結びつくことを禁止したに止まらず（いわゆる「国家と教会の分離」），国家が宗教的色彩を帯びることも一切認めず，国家と宗教の徹底した分離を求める見解です。これに対して，限定分離説（不完全分離説）といわれる見解は，国家と宗教との完全分離は現実的に不可能であるから，国家と宗教との結びつきが一定の限度を超えた場合にこれを禁止するものであると主張しています。

最高裁は，後述の津地鎮祭大法廷判決で，「国家が，社会生活に規制を加え，あるいは教育，福祉，文化などに関する助成，援助等の諸施策を実施するにあたって，宗教とのかかわり合いを生ずることを免れないこととなる。したがって，現実の国家制度として，国家と宗教との完全な分離を実現することは，実際上不可能に近いものと言わなければならない」と述べ，限定分離説に立つことを明らかにしました。

最高裁が国家と宗教とのかかわり合いとしてあげている例（特定宗教と関係のある私立学校に対する助成，文化財である神社等の建築物等の維持保全のための補助金の支出，刑務所等における教誨活動など）を考えますと，完全分離説のいうような国家が一切の宗教的色彩を帯びてはならないとする見解は現実的ではないでしょう。

およそ一国の文化や伝統の多くは，その国の宗教的風土と深く結びついていることを考えますと，限定分離説が基本的に妥当であるといえましょう。もっとも，限定分離説も国家と宗教とのかかわり合いが一定限度を超えたか否かについての客観的な基準がなく，個別ケース毎に判断するしかないというのがその難点であるといえましょう。

(4) 政教分離をめぐる主要判例

(i) 津地鎮祭訴訟

本事件は，津市が体育館の建設につき神式の地鎮祭を行ったところ，同市の

市議会議員が地鎮祭に要した費用の支出は，20条・89条に違反するとして，費用の市への返還を求めて提訴したものです。

一審の津地裁は，地鎮祭は宗教的行事よりも習俗的行事であるとして，訴えを退けましたが（津地判昭42・3・16），二審の名古屋高裁は，宗教的行為か習俗的行為かの基準を立てた上で，本件地鎮祭は，宗教的活動にあたるとして，原告の請求を認めました（名古屋高判昭46・5・14）。これに対して，最高裁は前述の限定分離説に立った上で，以下のように判示しました（最大判昭52・7・13民集31巻4号533頁）。すなわち，20条3項により禁止される「宗教的活動」とは，「およそ国及びその機関の活動で宗教とのかかわり合いをもつすべての行為を指すものではなく，そのかかわり合いが右にいう相当とされる限度を超えるものに限られるというべきであって，当該行為の目的が宗教的意義をもち，その効果が宗教に対する援助，助長，又は圧迫，干渉になるような行為を言うものと解すべきである」（「目的効果基準」）と述べた上で，「ある行為が右にいう宗教的活動に該当するかどうかを検討するにあたっては，（中略）当該行為の行われる場所，当該行為に対する一般人の宗教的評価，当該行為者が当該行為を行うについての意図，目的及び宗教的意識の有無，程度，当該行為の一般人に与える効果，影響等，諸般の事情を考慮し，社会通念に従って，客観的に判断しなければならない」と判示しました。そして，最高裁は，この基準を当該地鎮祭に当てはめて検討した結果，地鎮祭は，宗教的かかわり合いを持つものではあるが，目的は社会的な儀礼行為として世俗的なものであり，効果も神道の助長や他の宗教に圧迫を加えるものではないから，20条により禁止される宗教的活動にあたらないとして合憲と判断しました。

(ii) 自衛官合祀訴訟

本件は，殉職した自衛官を自衛隊OBの組織である隊友会（社団法人）が自衛隊の地方組織である山口地方連絡部（地連）の協力を得て山口県の護国神社に合祀（複数の死者を神としてひとつの社に合わせ祀ること）したことに対して，その妻である原告（キリスト教徒）が，亡夫の合祀により，自己の宗教的人格権が侵害されたとして，国と隊友会に対して損害賠償などを求めて提訴した事

件です。

　第一審の山口地裁判決は，本件合祀行為を，隊友会と地連（国）との共同行為と認定した上で，後者の行為は憲法20条3項の「宗教的活動」に当たるとし，その結果，原告の宗教的人格権（一般に人が自己もしくは親しい者の死について，他人から干渉を受けない静謐の中で宗教上の感情と思考を巡らせ，行為をなすことの利益）が侵害されたとして，原告の損害賠償請求を認容しました（山口地判昭54・3・22）。広島高裁判決も，ほぼ地裁判決を支持しましたが，最高裁は，14対1でもって原審判決を覆し，原告敗訴の判決を下しました（最大判昭63・6・1民集42巻5号277頁）。最高裁判決は，合祀申請行為は隊友会の単独行為であって，地連はこれに協力したにすぎず，その行為も目的効果基準に照らして，宗教的活動に該当しないと認定しました。その上で，原審の認めた宗教的人格権を「静謐な宗教的環境の下で，信仰生活を送るべき利益なるものは，これを直ちに法的利益として認めることのできない性質のものである」として退け，さらに，20条3項違反の宗教的活動は私人に対しても違法な効果を有するとの原審の判決に対しても，それらの行為が「憲法が保障している信教の自由を直接侵害するに至らない限り，私人に対する関係で当然には違法と評価されるものではない」として覆しました。

　(iii) 靖国訴訟

　内閣総理大臣が靖国神社に公式参拝したり，地方自治体が玉串料を奉納したりする行為が，20条や89条の政教分離規定に違反しないかがこれまで問題になってきました。これに関しては下記のようないくつかの判例がありますので，その主要なものを検討してみましょう。

　(a) 愛媛玉串料訴訟　　本件は，愛媛県が靖国神社の祭礼に毎年5～8千円の公金を玉串料等の名目で支払った行為が，20条3項・89条に違反するかが争われた事件です。

　一審の松山地裁は，玉串料等の支払いの主観的意図は戦没者に対する慰霊等を目的としたものであることを認めましたが，他方で，同神社の祭神に対して畏敬尊崇の念を表すという側面も無視できないとして，その行為が宗教的意義

靖国訴訟一覧表

訴訟名	裁判所	判決年月	判　断
岩手靖国訴訟	盛岡地裁	昭62・3	合憲
	仙台高裁	平3・1	違憲（但し，傍論中）
愛媛玉串料訴訟	松山地裁	平1・3	違憲
	高松高裁	平4・5	合憲
	最高裁	平9・4	違憲
大阪靖国訴訟	大阪地裁	平1・11	判断せず
	大阪高裁	平4・7	違憲の疑い（但し，傍論中）
九州靖国	福岡地裁	平1・12	判断せず
	福岡高裁	平4・2	判断せず
播磨靖国	神戸地裁	平2・3	判断せず
	大阪高裁	平5・3	判断せず

を持つことを認め，効果も同神社に対する宗教活動を援助するものであるとして，結局，玉串料等の支出は20条3項の宗教的活動に当たるとしました。二審の高松高裁は，玉串料等の支出の意図，目的は戦没者の慰霊のためであり，効果も支出の額がきわめて零細であって，社交儀礼の範囲に止まっており，一般人に対して靖国神社の戦前への地位の復活などの関心を呼び起こすとは考え難いから，宗教的活動に当たらないとし，全く逆の判断をしました。

　最高裁大法廷判決は，13対2で本件支出が違憲であると判断しました。多数意見は，限定分離説に立ちつつも，「一般人が……玉串料等の奉納を社会儀礼の一つにすぎないと評価しているとは考え難いところである。そうであれば，玉串料等の奉納者においても，それが宗教的意義を有するものであるという意識を大なり小なり持たざるを得ない」として，本件の玉串料の支出は目的効果基準に照らして違憲であると判断しました（最大判平9・4・2民集51巻4号1673頁）。これに対して，少数意見は，「玉串料の奉納行為は社会儀礼としての側面を持ち，宗教的意義が減殺される」「支出は遺族援護業務の一貫としてなされたもので，特定の宗教を援助，助長，促進し，他の宗教を圧迫，干渉する

影響はない」と述べ，合憲であると判断しています。結局，玉串料奉納の性質をめぐって，これを祭神に対する畏敬崇拝行為とみるか，靖国神社に祀られている戦没者の慰霊や遺族に対する慰謝としての社会的儀礼と評価するかの見解の相違によって，合憲違憲の判断が分かれたのであろうと思われます。

もっとも，多数意見に対しては，「目的効果基準」の前提に立脚しながらも，具体的な認定においては，むしろ完全分離説に近い解釈を行っている点で矛盾しているのではないか，との批判が出ています。

(b) 大阪靖国訴訟　本件は，昭和60年8月15日に，当時の中曽根康弘首相が靖国神社に公式参拝し，公費から「供花料」として3万円を支出した行為が，20条および89条に違反するとして，それにより精神的苦痛を受けたとする原告から国および中曽根元首相に対して国家賠償を求めた事件です。

一審の大阪地裁は，憲法判断をせずに，「原告らが，……本件公式参拝により被った旨主張している精神的苦痛なるものは，……本件公式参拝が原告らの憲法解釈に反して敢行されたことによる一種の不快感・焦燥感ないし憤りといったものであって，……法律上，慰謝料をもって救済すべき損害に当たらない」として，訴えを棄却しました（九州靖国訴訟，播磨靖国訴訟でも，それぞれ一審，二審とも同じ理由で，原告敗訴の判決を下しています）。これに対して，二審の大阪高裁は，判決主文では，原告には法的保護に値する権利侵害はないとして原告の控訴を棄却しましたが，理由中の傍論において，公式参拝は外形的には宗教的活動の性格を否定できないし，政府もかつて公式参拝は違憲の疑いがあるとの見解を持っていたことがあったし，また，外国からも公式参拝には反発と疑念が表明されたなどの理由をあげ，結局公式参拝は「違憲の疑いが強い」と述べました。

しかし，このような大阪高裁の判決は，判決主文に結びつかないような理由を，しかも，傍論中において「違憲の疑いが強い」と述べている点および外国からの反発といった政治的要因も判断材料にしている点などで疑問の多い判決だと指摘されています。

3 宗教法人と政治活動

(1) 宗教団体の政治活動

20条1項後段の規定から見て，宗教団体が政治活動を行うことは憲法上問題がないのでしょうか。政府の公式見解によれば，「政府としては，憲法の定める政教分離の原則は，憲法20条1項前段に規定する信教の自由の保障を実質的なものにするため，国その他の公の機関が，国権行使の場面において，宗教に介入し，または関与することを排除する趣旨であると解しており，それをこえて，宗教団体又は宗教団体が事実上支配する団体が，政治活動をすることをも排除している趣旨であるとは考えていない」ということになっています。また，学説の通説も，憲法上禁止される「政治上の権力」とは，国家の立法・司法・行政権や課税権などの統治権力を意味するものであると一般的に理解しており，宗教団体が政治活動を行うことは憲法上問題ないとしています。

しかし，政教分離の原則は国家が宗教に介入することを排除するのみならず，宗教が国家に介入することをも排除する趣旨であるとの理解が欧米では一般的であることより，政府見解は政教分離の理解について片面的ではないかとの批判があり，通説に対しても，「政治上の権力」を宗教団体が統治権を掌握することと理解する点で現実的ではなく，単に沿革的な意味しかないのではないかとの批判があります。平成7年に起こったオウム事件を契機に，「政治上の権力」の理解につき，宗教団体あるいはそれに支配された政治団体が政治支配を行う場合にも該当するのではないかとの見解も出されるようになりました。

(2) 宗教法人と非課税制度

宗教法人は公益法人の1つとして，さまざまな非課税の特権を得ています。収益事業以外から生じた収入には法人税は課せられないし，利子配当等に対する所得も非課税，宗教の用に供せられる不動産に対する各種税金もすべて非課税となっています。

他方で，20条1項後段は，いかなる宗教団体も「国から特権を受け」ることを禁止し，また，89条は宗教団体への公金支出を禁じています。そこで，これ

らの非課税措置が、憲法の規定に反するのではないかが問題になります。学説・通説では、憲法の禁止する「特権」とは、他の団体から区別して宗教法人のみを優遇する、あるいは、宗教法人の中でも、特定の宗教法人のみを優遇することであると理解していますので、非課税措置は公益法人一般に対する優遇措置であるから、とくに宗教法人を優遇したことにはならないとして合憲と解しています。しかし、宗教法人のみを取り出して、他の非宗教法人や無信仰者と比べれば、非課税の特権を得ていることは明らかですし、また、非課税も課税をしないということですから、間接的な公金支出（課税の上で補助金を支出）と実質的には同じことと理解することができます。したがって、非課税措置が必ずしも憲法解釈上問題がないとは言い切れない面があるのではないでしょうか。ましてや、非課税の資金が宗教法人の活動として認められる人道、環境、平和問題などの分野を超えて、特定の政党の資金援助や候補者個人の選挙資金として使われた場合には、相当問題になると思われます。

　なお、この点アメリカの制度が参考になります。アメリカでは宗教団体に対しては、わが国と異なり、免税制度を採用しておりますが、宗教団体が政治活動を行った場合には、免税資格が剥奪されることになっています（アメリカ内国歳入法典501条(c)(3)免税資格喪失事由「その活動の実質的な部分が立法に影響を与えるために宣伝を行うこと、あるいは、それを試みようとすること、又は、公職の候補者のために政治宣伝に参加し、あるいは、関与すること（声明書の発行や配布も含む）」）。

　そして、この法律により、実際に政治活動を行っていた教団の免税措置が取り消される事件がしばしば起こっています。

　わが国の場合は、憲法の明文上、宗教団体に対する特権の付与や公金の支出が禁止されておりますので、宗教法人の「公益性」は絶えず客観的にチェックされなければなりませんし、ましてや非課税の資金が本来の宗教活動とは直接関係のない政治活動や政治資金に流用されることは、「公益性」に反するものと言わなければならないでしょう。

　いずれにしても、宗教法人の政治活動や非課税制度などの問題は、憲法上の観点から再検討する余地は残されていると思われます。

6 ■ ポルノは無価値なのか？

【関連条文】
第21条【集会・結社・表現の自由，通信の秘密】
① 集会，結社及び言論，出版その他一切の表現の自由は，これを保障する。
② 検閲は，これをしてはならない。通信の秘密は，これを侵してはならない。

1 表現の自由の意義

(1) 問題の所在

　刑法175条は，わいせつな文書などを頒布・販売したり公然と陳列した者に対して2年以下の懲役または250万円以下の罰金，科料に処すると定めています。また，青少年の保護を目的として，ほとんどの都道府県では青少年保護育成条例を制定し，わいせつな図書などを有害図書として取り締まっています。確かに，ポルノ雑誌といわれるような本などが巷に氾濫している状況は好ましいとは言い難く，なるほどこの種の規制は当然であるかのようにも思われます。しかし，21条では基本的人権の1つとして表現の自由が保障されています。しかもそれは基本的人権のなかでもとりわけ重要な人権だともいわれています。いったいこの両者の調整をどのように考えればよいのでしょうか。しょせんポルノ雑誌のようなものは何の価値もないのだから，どんどん規制すればよいと言い切れるでしょうか。

　性表現を規制する刑法175条の合憲性が争われた事例の中で，リーディング・ケースとされるのが次にあげる「チャタレイ事件」の最高裁判決です。

COLUMN

チャタレイ事件（最大判昭32・3・13刑集11巻3号997頁）

　事案は，D.H.ロレンスの著作『チャタレイ夫人の恋人』を翻訳出版した出版社の社長と翻訳者が，刑法175条のわいせつ文書に該当する図書を販売したとして起訴されたものです。最高裁は以下のように刑法175条が合憲であるとの判断を示しました。

　「猥褻文書たるためには，羞恥心を害することと性欲の興奮，刺戟を来すことと善良な性的道義観念に反することが要求される」。羞恥感情は，「普遍的な道徳の基礎であって」，「性行為の非公然性は，人間性に由来するところの羞恥感情の当然の発露である」。「ところが猥褻文書は性欲を興奮，刺戟し，人間をしてその動物的存在の面を明瞭に意識させるから，羞恥の感情をいだかしめる。そしてそれは人間の性に関する良心を麻痺させ，理性による制限を度外視し，奔放，無制限に振舞い，性道徳，性秩序を無視することを誘発する危険を包蔵している。……性道徳に関しても法はその最少限度を維持することを任務とする。そして刑法175条が猥褻文書の頒布販売を犯罪として禁止しているのも，かような趣旨に出ているのである」。「著作自体が刑法175条の猥褻文書にあたるかどうかの判断は，当該著作についてなされる事実認定の問題でなく，法解釈の問題である。……この故にこの著作が一般読者に与える興奮，刺戟や読者のいだく羞恥感情の程度といえども，裁判所が判断すべきものである。そして裁判所が右の判断をなす場合の規準は，一般社会において行われている良識すなわち社会通念である。……かような社会通念が如何なるものであるかの判断は，現制度の下においては裁判官に委ねられているのである」。「〔基本的人権については〕憲法12条，13条の規定からしてその濫用が禁止せられ，公共の福祉の制限の下に立つものであり，絶対無制限のものでないことは，当裁判所がしばしば判示したところである……。この原則を出版その他表現の自由に適用すれば，この種の自由は極めて重要なものではあるが，しかしやはり公共の福祉によって制限されるものと認めなければならない。そして，性的秩序を守り，最少限度の性道徳を維持することが公共の福祉の内容をなすことについて疑問の余地がない」。

この判決を読んで，最高裁の展開する論理が一義的に理解できるでしょうか。その後，「悪徳の栄え」事件（最大判昭44・10・15刑集23巻10号1239頁）では，わいせつ性は文書全体において判断すべきであるとの判断が示されていますし，「四畳半襖の下張」事件（最判昭55・11・28刑集34巻6号433頁）では，わいせつ性を判断する際の考慮要因が細化されるとともに，芸術性が高ければわいせつ性が弱まるという「相対的わいせつ概念」を採用しています。しかし，いずれにしろ，最高裁は一貫して刑法175条は合憲であるとの判断を維持しているのです。

(2) 表現の自由の意義

　先に，表現の自由は「基本的人権のなかでもとりわけ重要な人権だともいわれています」と述べましたが，それはどのような理由によるのでしょうか。この点については次のような理由があげられています。

① 表現の自由は，個人が他人とのコミュニケーションを通して人格を形成・発展させていく上で不可欠であること

② 何が正しく何が間違っているかは，権力者が上から決めることではなく，各人が自由に発表し批判し合う中から生まれてくるものであり，そうした状況（「思想の自由市場」といわれます）が確保されることによって社会は進歩・発展し，「真理」に到達できるものであること

③ 民主主義の政治体制にあっては，国民が自由にみずからの考えるところを述べ，その意見が政治に反映されるシステムの確立が必要であること，また，少数者の自由な意見発表が保障されていることが民主主義の維持に必要であること

COLUMN

ミルは表現の自由に関連して次のように述べています

「意見の発表を沈黙させることに特有の害悪は，それが人類の利益を奪い取るということなのである。すなわち，それは，現代の人々の利益を奪うと共に，後代の人々の利益をも奪うものであり，また，その意見を懐抱している人々の利益を奪うことはもとより，その意見に反対の人々の利益

> をさらに一層多く奪うものである，ということである。もしもその意見が正しいものであるならば，人類は誤謬を棄てて真理をとる機会を奪われる。また，たとえその意見が誤っているいるとしても，彼らは，これとほとんど同様に重大なる利益——即ち，真理と誤謬との対決によって生じるところの，真理の一層明白に認識し一層鮮かな印象をうけるという利益——を，失うのである。」（ミル，J.S.塩尻公明・木村健康訳『自由論』36〜37頁（岩波文庫，1971年））

つまり，表現の自由は個人あるいは社会の進歩・発展にとって不可欠であり，また民主政の確保にとって不可欠であることから，それは重要であるということです（いくら思想・良心の自由が保障されていても，それを公表する自由がなければその意義はほとんど失われるでしょうし，いくら政治過程への国民の参加が保障されていても，情報が閉ざされ，自由に意見を述べることができなければ民主主義は形骸化してしまうでしょう）。ですから，表現の自由は最大限に保障されなければならず，その制限の合憲性を審査する場合にも慎重な審査が要求されるということになります。こうした考え方は「表現の自由の優越的地位」の理論と呼ばれています（ただし，このことは，たとえば職業選択の自由よりも表現の自由の方がその価値において上位にあるということを意味するものではありません）。

このような表現の自由の意義に照らしてみると，ポルノ雑誌はまったく霞んでしまいます。すなわち，わいせつな表現というのは，個人の人格形成・発展に不可欠とはいえないでしょうし，社会の進歩・発展とも無関係でしょう。まして民主主義の確保とは無縁のものともいえるでしょう。あまりにも性描写が露骨なもの（ハードコア・ポルノ）については，そもそも表現の自由の対象外であるとの意見（最判昭58・3・8刑集37巻2号15頁の伊藤裁判官の補足意見も同趣旨）が出てくるのもうなずけるところです。けれども，表現の自由の対象外となれば，その販売方法や誰に売るのかといったことなども一切考慮されることがなくなり，その芸術性との衡量もまったくなされないことになります。しかし，何らかの価値があるとか，何かのために役立つとかいうことが，表現の

自由にとって不可欠なのでしょうか。また，仮にそうであるとしても，誰がどのような基準でそれを判断するのでしょうか。

2　表現の自由の内容

(1)　表現の自由の内容

　何が表現の自由の保障対象となるかについては，何も高尚な思想や意見などに限定されるのではなく，事実や感情など一切のもの（これらをまとめて「情報」という）が保障対象であるというのが一般的な理解です。つまり，何が表現されるかは問題ではなく，ともかくも「表現する」という行為が自由であるということなのです。ですから，たとえどのようにわいせつ度の高いもの――ハードコア・ポルノ――であったとしても，とりあえずは表現の自由の対象内にあるということになります。また，口頭や印刷物によるほか絵画・写真・音楽などあらゆる表現媒体を通じての表現が保障されると解されています。今や日常的になったパソコン通信ももちろん保障されます。また，次にみるように，「知る権利」や「報道の自由」も表現の自由の保障対象とされています。さらに，営利的表現や象徴的表現も保障対象であると解されています。商品広告などの営利的表現については，経済活動の一環としてとらえることもできますが，消費者にとって必要な情報の流通に関わるものであり表現の自由の保障の対象とみるべきでしょう。象徴的表現というのは耳慣れない言葉ですが，たとえば，反戦の意思を表すために徴兵カードを衆人の前で焼くといった行為を考えてください。同じ21条にあげられている集会・結社の自由についても，これを表現の自由と切り離して捉えることもできますが，集会も結社も集団としての意思の形成・表現行為に関わるものであり，表現の自由の一内容と理解してよいでしょう。

(2)　知る権利

　今日，情報化社会ということがさかんにいわれていますが，その内に住む私たちの立場を考えてみると，情報の送り手というよりも，氾濫する情報の一方

的な受け手の立場にいることに気づきます。しかも，さまざまな情報は国家権力や少数の大企業が独占し，そこから得られる情報について，それがすべてなのか，ねじ曲げられていないか，を確認することはほとんど不可能に近い状態に置かれています。ある政治問題について自分なりの意見をまとめて，それを発表することはもちろん自由です（これこそ，伝統的に表現の自由として保障されてきたところです）。しかし，自分なりの意見をまとめようとしても，その政治問題に関する情報を手に入れることができなければ，結局何もできないことになってしまいます。こうしたことから，表現の自由を単に情報の送り手（表現する側）の問題としてのみ捉えるのでは不十分であって，情報の受け手の問題としても考えることが要請されてきました。これを理論化したのが「知る権利」と呼ばれるもので，表現の自由を情報の受け手の側から捉えたものとして，同じく21条によって保障されていると解されています。

　「知る権利」は情報の送り手となる前提として，さまざまな情報を不当に制限されることなく受け取る自由という意味で用いられる場合がありますが，今日もっとも問題にされるのは，政府などの保有する情報の公開を請求する権利としての「知る権利」でしょう。私たちはそうした情報を知ることによって，政治のあり方についての判断を下すことが可能となり，政治に参加することができるのですから。このように考えると，「知る権利」は参政権的な機能をも果たすものといえるでしょう。ただし，「知る権利」が情報公開請求権の根拠となるとしても，それが実際に具体的な請求権となるためには，誰がどのような情報をどのような手続によって誰に請求するのかといったことを定めた法律などの制定が必要とされます。すでに，地方公共団体レベルでは情報公開条例がかなり制定されていますが，国家レベルでは1999年5月17日に，やっとのことでいわゆる情報公開法が公布されました（施行は公布後2年以内で政令で定める日）。もっとも，この法律には「知る権利」が明示されていないこと，対象が行政機関に限定されていること，また，開示するかどうかについて広範な行政裁量が認められていることなど問題点も多く，真の評価は今後の展開を待つ必要があります。さらに，国家機密や個人情報の保護との関係もなお検討され

なければならないでしょう。

最近の情報公開条例の制定状況

1996年〔平成8〕4月1日現在

区 分	都 道 府 県					市 区 町 村					合計
	都	道	府	県	計	市	区	町	村	計	
条 例	1	1	2	40	44	192	23	53	3	271	315
要綱等	0	0	0	3	3	12	0	6	0	18	21
合 計	1	1	2	43	47	204	23	59	3	289	336

資料　山中永之佑他編著『資料で考える憲法』法律文化社，1997年，109頁より引用。

(3) 報道の自由

　上で述べたように，表現の自由は何も思想や意見などの表明のみに関わるものではなく，事実の報道もまた表現の自由の保障対象であることに異論はありません。また，私たちはさまざまなところから情報を得ていますが，なかでもマス・メディアの報道によるところはきわめて大であって，その意味では「知る権利」はマス・メディアの報道に依存しているといっても過言ではありません。この点について最高裁も，「報道機関の報道は，民主主義社会において，国民が国政に関与するにつき，重要な判断の資料を提供し，国民の『知る権利』に奉仕する」ものであると的確に述べているところです（最大判昭44・11・26刑集23巻11号1490頁）。なお，報道の自由の保障に関連して，取材の自由までもが21条で保障されていると解するかについては議論のあるところです。しかし，報道は取材・編集・発表という一連の過程の上に成り立つものである以上，取材の自由（取材活動の自由，取材源の秘匿の自由など）も報道の自由に含まれるとみるべきでしょう。

3　制約とその審査基準

(1)　制約の事例

　表現の自由に対して課された制約が違憲かどうかが問題とされた事例は数多くあります。ここでそのすべてを網羅することはできませんが，代表的なものをいくつかあげてみます。

　(i)　名誉・プライバシーの侵害

　名誉権もプライバシー権も13条で保障された権利ですから，いくら表現の自由が保障されているからといっても，これらを侵害する表現行為まで自由とされるわけではありません。これらの権利と表現の自由が衝突する場合は，どちらの利益がより保護するに値するかを，原則として比較衡量して決しようというのが今日の考え方です。なお，名誉を侵害した場合には名誉毀損罪（刑法230条）による処罰や民法上の不法行為責任による損害賠償（709条）などが認められていますし，プライバシーを侵害した場合も不法行為責任が問われます。

　(ii)　性　表　現

　性表現については前述したように刑法175条による制約が問題とされてきましたが，最高裁は一貫してこれを合憲としてきました。

　(iii)　犯罪の扇動

　犯罪を扇動する表現については，これを処罰する規定があります（たとえば破壊活動防止法38条）。しかし，その扇動によって犯罪が実行される危険性があるというだけで処罰することは明らかに表現の自由に対する侵害とみるべきでしょう。

　(iv)　道路交通の妨害

　街頭演説や署名運動などのような交通の妨害となるような行為については警察所長の許可を得なければならないことになっています。しかし，規制が必要であるとしても，その目的を達するための最小限度の規制でなければ問題でしょう。

(v) 美観風致の妨害

屋外広告物法やそれにもとづく条例は「美観風致の維持」という目的で、ビラ貼りなどの場所や方法などについて規制しています。これも(iv)同様の問題があります。

(vi) 選挙運動

公職選挙法は、選挙の自由と公正の確保という目的から選挙運動についてさまざまな制約を設けています。いわゆる金権腐敗選挙が行われないためにも一定の規制は必要と思われますが、現在の規制はあまりにも広範囲にわたるとともに強い規制であり、表現の自由との関係で検討すべきところが多くあるように思われます。

(vii) 集会・デモ行進

集会やデモ行進は一般大衆にとって重要な意思表示手段ですが、公園や道路などを使用するため、やはり一定の制約を受けることになります。問題になるのは許可制を定めた公安条例の合憲性ですが、許可基準の明確性などの観点からの検討が必要でしょう。

(2) 「二重の基準」論

チャタレイ事件での最高裁判決は、表現の自由の制約について次のように述べました。「〔基本的人権については〕12条・13条の規定からしてその濫用が禁止せられ、公共の福祉の制限の下に立つものであり、絶対無制限のものでないことは、当裁判所がしばしば判示したところである……。この原則を出版その他表現の自由に適用すれば、この種の自由は極めて重要なものではあるが、しかしやはり公共の福祉によって制限されるものと認めなければならない。そして、性的秩序を守り、最少限度の性道徳を維持することが公共の福祉の内容をなすことについて疑問の余地がない」。ここでは、性秩序・性道徳の維持がなぜ表現の自由の正当な制約理由となるのか、また正当な制約理由になるとしても、刑法175条のようにわいせつ文書の頒布・販売などを全面的に禁止することがなぜ正当化されるのかといった点には触れず、ただ抽象的な「公共の福祉」を持ち出すことによって合憲性が根拠づけられています。しかし、そうし

た問題点を明らかにせず，判断基準をはっきりさせないままに表現の自由に対する制約を合憲とすることが許されるはずがありません。

　もちろん，表現の自由が「優越的地位」を占める重要な基本的人権であるといっても，決して無制約ではありえません。他人の権利・自由を侵害する場合には一定の制約や調整を受けざるをえないことは容易に想像がつきます。その場合，表現の形態，制約の目的・手段，目的と手段の関連性などを具体的に検討しなければなりませんが，問題はその制約が合憲か違憲かを判断する基準をどのように考えるかということです。この点についての有力な考え方が「二重の基準論」といわれるものです（なお，最近では「三重の基準論」といわれる，より精緻な学説も主張されています）。これは，経済的自由と精神的自由を区別し，経済的自由を制約する法律は「合憲性の推定」を受け，緩やかな審査基準でその合憲性が審査されるのに対し，表現の自由をはじめとする精神的自由を制約する法律はそうした推定を受けず，より厳格な基準によらなければならないとするものです（ただ，残念ながら，表現の自由の保障に関連してこの理論を採用した判例は存在しません）。上述した事例もそのような理論に立っての審査が必要と思われますが，以下に従来からいわれている代表的な具体的審査基準をあげておきます。

(3) 具体的な審査基準

(i) 事前抑制の禁止

　ある表現行為を抑制せざるをえないとしても，その表現行為がなされる前（あるいは受け手に届く前）に抑制することは原則的に許されません。これは「思想の自由市場」という考え方からすれば当然のことですし，もし発表前の規制が許されれば，表現の自由の保障範囲はきわめて限定的になってしまうでしょう。したがって，もし，表現の自由に対する規制手段が事前規制という形をとっていれば，原則的にはそれだけで違憲となるでしょう。事前抑制の典型的なものが「検閲」ですが，21条はこれをはっきりと禁止しています。ここに，検閲とは，表現行為がなされる前に，内容を事前に審査し，不適当と認める場合にはその表現行為を禁止すること，を意味します。なお，教科書検定や税関

検査が検閲禁止との関連で問題となりますが，判例はいずれも検閲に該当しないとの判断を示しています（前者につき最判平5・3・16民集47巻5号3483頁，後者につき最大判昭59・12・12民集38巻12号1308頁）。名誉・プライバシーを侵害する表現について，裁判所が事前差止を認めることも事前抑制に当たりますが，厳格な基準の下に例外的に認められるとされています（「北方ジャーナル事件」最大判昭61・6・11民集40巻4号872頁参照）。

(ii) 明確性の基準

どのような行為をすれば犯罪であり処罰されるのかは明確でなければならないというのは31条などから要請されるところです。表現行為についても当然当てはまりますが，その優越的地位を考えると一層の明確性が要求されます。どのような表現行為が禁止されているのかが不明確であれば，私たちは安心して言いたいことが言えないということにもなりかねません。こうした「萎縮効果」を生じさせないためにも，表現の自由に制約を課す法律の文言が不明確であれば，それだけで違憲ということになるでしょう。

(iii) 「より制限的でない他の選びうる手段」の基準

13条は「……国民の権利については，公共の福祉に反しない限り，立法その他の国政の上で最大の尊重を必要とする」と定めていますが，これは基本的人権を規制する手段や程度が，その目的達成のための必要最小限度でなければならないことを意味します。このことは，とりわけ表現の自由の制約に当てはまり，もし，同じ目的を達成するのにもっと緩やかな制約手段があるならば，それによるべきであって，現行の規制手段は違憲であるということになります。

(iv) 「明白かつ現在の危険」の基準

これは，その表現行為を放置しておけば社会に対して害悪を及ぼす恐れがある，といった漠然とした抽象的な危険性だけで表現行為を制限すべきではないとする基準です。すなわち，実質的害悪を及ぼす，明白で差し迫った危険がある場合のみ，その表現行為に対する制約は合憲とされるという基準です。

こうした審査基準を用いることによって，優越的地位にある表現の自由に対する制約については，厳格な審査がなされなければなりません。

最後に,「チャタレイ事件」最高裁判決の主な問題点をまとめておくと,第一に,わいせつ概念が漠然としていること（「羞恥心を害すること」「性欲の興奮,刺戟を来すこと」「善良な性的道義観念に反すること」という三要素はあまりにも主観的判断に委ねられているとともに不明確),第二に,規制目的が不明確であること（一般的に,性犯罪の誘発や青少年への悪影響を防ぐため,性道徳・性秩序の維持,見たくない人の保護などが考えられるが,最高裁のあげる性道徳・性秩序の維持はあまりにも不明確),第三に,規制手段があまりにも広範囲にすぎること（目的との関係で考慮されなければならないが,目的を達するための必要最小限度でなければならない),があげられるでしょう。最初に述べたように,ポルノ雑誌といわれるような本などが巷に氾濫している状況は好ましいとはいえません。けれども,だからといって上述したような問題点を明確にしないままにこれを規制することは,表現の自由の持つ意義に照らして許されないといわざるをえません。

7 ■ クーラーはぜいたく品なのか？

【関連条文】
第25条【生存権，国の社会的使命】
① すべて国民は，健康で文化的な最低限度の生活を営む権利を有する。
② 国は，すべての生活部面について，社会福祉，社会保障及び公衆衛生の向上及び増進に努めなければならない。

1 クーラー撤去事件

　クーラーは，生活保護家庭にはぜいたく品なのでしょうか。埼玉県桶川市の福祉課から「ルームクーラーは生活保護世帯にはぜいたく品」として撤去を求められ，取り外した同市の一人暮らしの女性（79歳）が，平成6年7月，40度を越える暑さの室内で脱水症を起こして倒れるという事件が起こりました。

　同女性は，生活保護を受け始めた平成5年7月，市の福祉課職員（ケースワーカー）から，「生活保護受給者の所有は認められない」と言われ，前の年に約17万円で買い替えたクーラーの撤去を求められました。その後も「外さなければ生活保護を打ち切る」と再三通告され，平成6年1月になって取り外しました。ところが，この夏は記録的な猛暑で，7月18日の朝には意識がもうろうとして動けなくなり，ホームヘルパーを呼んで，そのまま市内の病院に入院しました。入院時，脱水症，摂取不良，不眠，めまい等の症状が見られました。点滴等を受けて，その後40日余の入院生活を送りました。このようなクーラー撤去という条件づけは，憲法上許されるのでしょうか。

2 生存権とは

(1) 極窮権としての生存権

　人間の生存または生活のために必要な諸条件の確保を要求する権利のことを，生存権といいます。生存権は，もともと人間の生存本能を基盤とするものですから，人間社会では，いつでもなんらかの形で問題にされます。生存権は，今日，国家に対する国民の権利として把握され主張されていますが，かつては，人間にとって根源的なものとして，いわば思弁的・形而上学的な観点から把握され主張されました。このような生存権は，古く中世のスコラ哲学にまでさかのぼることができ，たとえば，トーマス・アクィナスは，「困窮に際しては万物は共有である」と述べて，神の秩序のもとにおける緊急的救助権の思想を展開しました。さらにその後，グロチウスやベイリーが，自然的衡平の観点から困窮の場合における極救権・極窮権の思想を展開しました。

猛暑のクーラー――ぜいたく品なの？
撤去命令――脱水症で倒れる
生活保護79歳 入院40日間も
埼玉・桶川

『読売新聞』
1994年9月8日

(2) 現代的意味における生存権

　近代市民革命によって成立した市民社会においては，自由権や財産権の保障に最も大きな価値が認められ，人間の生存は，自由な経済活動や私有財産によってみずからの責任で追及されるべきものとされました。別言すれば，国家が個人の諸活動に介入しないで個人の自由を最大限保障しておきさえすれば，個々人はみずからの能力，努力によって幸福をつかみ取れると考えられました。したがって，公的救済は，労働しない者が家族による援助が得られない場合に限られるとされました。一例をあげますと，1791年フランス憲法は，生活困窮者の生活を配慮する国家の義務について，「壮健にして仕事をもたない貧者に仕事を与えるために，公的救済の一般施設が設立され，組織される」（憲法第

一編）と規定しましたが，この公的救済に対する国家の義務は，あくまで経済的自由の原則を前提にして，それを補充するものとされました。これに対して，経済的自由権の制限を前提にした，社会国家の理念の下における現代的意味での生存権は，20世紀に入ってからドイツの憲法に現れました。

すなわち，19世紀から20世紀にかけての資本主義の発達，産業化の進展につれて，貧富の差が拡大し，日々の生存でさえ困難に感ずる階層が出現しました。その階層の人びとが貧困に陥ったのは，本人が怠惰であるからではなく，失業，低賃金，病気といった外的条件による場合が多いことが解明されました。もはや，国家からの自由や自律生活では律し切れない構造的問題によって人間の生存が脅かされるようになり，それにつれて，自由な経済活動や私有財産によって生存を図るという考えに反省が加えられるようになり，生存権の確立が現実の課題となりました。そして，そこでは"単に生きる"権利としての生存権ではなく，"人間に値する"生活の保障という現代的意味での生存権が問題となりました。こうして，国家に対して，経済的社会的弱者保護のために積極的施策を講ずることが求められるようになり，憲法上，社会国家の理念の下における生存権が規定されるようになりました。

生存権に現代的意味での定義づけを最初にしたのは，アントン・メンガーであるといわれています。彼は，「社会の各成員に，人間らしい生存を維持するに必要な物と労務を，現存する資財に応じて，他の人々のさして緊要でない需要を充たすよりもさきに分配すべきである，という要求を法体系が各成員に認める場合に，生存権が存する」と述べました。このような「人間らしい生存」の維持を意味する生存権が初めて憲法に規定されたのは，1919年のドイツのワイマール憲法においてである，といわれています。それの151条1項は，「経済生活の秩序は，すべての者に人間たるに値する生活を保障する目的をもつ正義の原則に適合しなければならない」と規定しました。ちなみに，ドイツの当時の代表的国法学者であるアンシュッツは，この規定をプログラム規定と解し，これがその後のわが国の25条の規定の解釈にも影響を与えました。

生存権は，第二次世界大戦後，本格的に憲法に規定されるようになり，した

がって，現在では思想的なものにとどまらず，憲法という実定法に根拠を置くものとなっています。生存権が憲法に規定された今日でも，それが実定法によってはじめて認められる権利なのか，あるいは自然権的な天賦の（生来の）前国家的な権利（人権）なのか，という議論があります。生存権が極窮権的な人間のぎりぎりの生存の保障を求めるものならば，自然権的なものとして，その権利性は非常に強いと考えられます。しかし，現代の生存権は，「人間たるに値する生活」（ワイマール憲法151条1項）や「健康で文化的な最低限度の生活」（日本国憲法25条1項）を保障するもので，自然権的な権利とは距離があり，したがって権利性は弱くならざるをえないとする考え方もあります。というのも，人間の生活水準を上回る健康で文化的な最低限度の生活は，もはや前国家的な権利といえるものではなく，国家の判断に委ねられる余地があるからです。その意味で，これを「生存権」と呼ぶより，「人間的最低生活権」と呼ぶ方が，現代憲法の趣旨によく合致するという見解もあります。

COLUMN

社会権とはどのような権利でしょうか

　憲法のテキストは，一般に，憲法上の諸権利を自由権と社会権とに分類して，25条の生存権から，26条の教育を受ける権利，27条の勤労の権利および28条の労働基本権までを一括して「社会権」と呼んでいます。近代市民革命期に掲げられ，19世紀から20世紀はじめの近代憲法確立期に実定化された人権は，国家権力からの自由，つまり，自由権であったのに対し，第一次大戦後のワイマール憲法以後，とくに第二次世界大戦後になると，国家の一定の積極的措置による生存の確保を求める一連の権利，つまり，社会権と総称される諸権利が，西洋諸国の憲法において，多かれ少なかれ，実定化されるようになりました。新たな権利概念である社会権は，その権利の内容に即して「生存権的基本権」，思想・理念的沿革に即して「社会国家的基本権」，登場した時期に着目して「20世紀的基本権」など，さまざまな名称で呼ばれながらも，戦後の憲法学において，"福祉国家または社会国家の理念に基づいて，人間らしい生活の保障を求める諸権利の総称"として，一般的に用いられています。

3　憲法25条の意味は

　25条は社会国家の理念を宣言し，1項は，「健康で文化的な最低限度の生活を営む」ことについて，これを「権利」として保障したものです。つまり，現代的意味での生存権を保障したものです。2項は，1項を前提にして，より広い国民生活の保障が，国の任務であり責任であることを宣明したものです。「社会福祉」とは国民の生活をできるだけ豊かにすること，「社会保障」とは国民の生存を公的扶助または社会保険により確保すること，「公衆衛生」とは国民の健康を保全し増進することです。これらは，相互に関連があり，厳密に区別することは困難であって，社会立法の典型的なものをあげたにすぎません。要するに，国は，衣食住その他国民生活のあらゆる面に関してその保障に努力しなさい，という意味です。

(1)　健康で文化的な最低限度の生活を営む権利

　1項の「健康で文化的な最低限度の生活」とは，単に人間が食べていくという生存の物質的基礎としての自然権的内容にとどまらず，その物質的条件に精神的条件をも合わせた「人間らしい生存（生活）」を意味します。この規定は，マッカーサー草案にはなく，アントン・メンガーの生存権やワイマール憲法の規定の影響を受けた日本側のイニシャティブによって成立したものです。すなわち，日本国憲法制定に関する衆議院での審議の段階において，日本側（社会党）から，生存権条項に「すべて国民は，健康で文化的な最低限度の生活を営む権利を有する」という規定の追加が提案され，それが認められたのです。この規定の直接のモデルは，高野岩三郎らの憲法研究会案の規定（「国民ハ健康ニシテ文化的水準ノ生活ヲ営ム権利ヲ有ス」）に求めることができます。

　「健康で文化的な最低限度の生活」とは，全体として「人間らしい生活」であるといわれるに足る程度をいい，そこには一定の水準が予想されます。したがって「最低限度」といっても，それ以下には何もないという，文字どおりの最低の意味に理解すべきではありません。ところが，「人間らしい生活」といっても，その水準は時代により社会的要因によって流動的です。ただ，社会

保障に関する諸科学が発達している現在では、ある時点でそれが具体的にどのくらいであるかは算出可能です。しかし、算出の必要性は、もっぱら「権利を有する」という文言の理解いかんにかかわっています。なぜなら、たとえば、それをたんに国の努力目標を政治的・道徳的責務として定めたものにすぎないと解するなら、最低限度の生活が客観的に算定できたとしても、算出された数字以下の最低限度に及ばない生活を送っている国民は、本条を根拠に社会保障上の給付要求をなしえず、その数字は法律上の意味を持つものではないからです。

(2) プログラム規定説

「健康で文化的な最低限度の生活を営む権利を有する」という文言について、あるいは生存権を保障する25条について、従来、いわゆるプログラム規定か否かをめぐって論じられてきました。それを肯定するプログラム規定説は、同条は国の政策的目標ないし政治道徳的義務を定めたものであって、個々の国民の具体的な請求権を保障したものではないとします。ここには、ワイマール憲法におけるプログラム規定説の影響が見られ、最高裁の判例はこの立場に近く、社会保障の具体化は政府の裁量に広く委ねられているとしています。このようなプログラム規定説も、国民の憲法意識の変化とともに、現在は、ほとんどその論理的基盤を失ったといわれます。というのも、生存権を実現するための立法のカタログはほとんど出揃っているからです。生存権の法的性格を論ずる場合は、その具体化立法を前提として検討することとなり、そのためきめ細かい違憲審査基準が論議されているのが現状です。

(3) 抽象的権利説

これに対して、同条は国民の「権利」を保障し国の法的義務を定めたものであるとする、いわゆる法的権利説が主張されます。この法的権利説は、「権利」の性質をどうとらえるかによって、さらに2つに分かれます。

いわゆる抽象的権利説は、生存権は、その一般的実現には法律の制定をまたなければならないという意味で抽象的権利たるにとどまるとします。別言すれば、それは立法者に対する法的義務を宣言したもので、個別的立法により権利

が具体化する抽象的権利だと解します。つまり，国は法律によって具体的な給付義務の拘束を受け，国民はその法律にもとづいて給付請求権をもつと考えます。朝日訴訟第一審判決の考え方がこれです。プログラム規定説との違いは，プログラム規定説では，法律にもとづく給付処分の違憲性の主張が不可能であるのに対し，抽象的権利説では可能となります。

　抽象的権利説は，生存権に関する法律の制定のあり方を問題にします。たとえば，生活保護法は，生活保護は厚生大臣の設定する基準によって行うものとし，その基準は「最低限度の生活の需要を満たすに十分なものであって，且つ，これをこえないものでなければならない」と規定しています（8条2項）。そこにいう「最低限度の生活」とは，同法によれば，「健康で文化的な生活水準を維持することができるものでなければならない」とされています（3条）。このような法律の制定のあり方にあっては，厚生大臣の定める基準のあり方がきわめて重要になります。この点，厚生大臣の認定判断に一定の裁量の余地のあることは肯定されます。しかしながら，「最低限度の生活」つまり「健康で文化的な生活水準」を維持するに足るものが何かは，それぞれの時代において，一応客観的に決定できると考えられますから，そのような基準からの明白な逸脱は，生活保護法および憲法に違反するといわざるをえません。つまり，憲法上の生存権は，裁判所がその具体的内容を数値で確定することは難しいとしても，立法・行政部門の決定を「健康で文化的な最低限度の生活」に達しないとするだけの内容をもっていると解されます。

COLUMN

朝日訴訟事件とは

　この事件の原告は，朝日茂さんという肺結核療養者であり，国立岡山療養所に，昭和17年以来長期入院加療中でした。無収のために，生活保護法による生活扶助・医療扶助（同法12条・15条）を受けていました。生活保護法は，憲法25条の趣旨を実現するための法律であり，この法律による保護基準は，厚生大臣が定めますが，それは被保護者に「健康で文化的な生活水準を維持することができるものでなければならない」（同法3条・8条

> 2項）とされています。問題は、その保護基準が、現にその要件を満たしているものであるかにありました。すなわち、原告は、実兄から毎月1500円のうち、日用品として600円を原告に支給し、残り900円を従来の医療扶助支給額から差し引くという保護変更処分を行いました。これに対して、原告は、もともと厚生大臣の定める日用品費600円という保護基準は、生活保護法の保障する「健康で文化的な生活水準」を保障するに足るものではなく、したがって、この保護変更処分は憲法および生活保護法の保障する生存権を侵害するものであると主張し提訴しました。

(4) 具体的権利説

　具体的権利説は、抽象的権利説をいっそう徹底して、国民の要救済状態を救済する立法がなされていないとき、また立法がなされていてもそれによる救済が不十分であるときは、国民は裁判所に対して、要救済の確認を求めることができると解しています。具体的権利といっても、一般に、25条を直接の根拠にして裁判所の給付判決を求めうるというようには主張しているのではなく、国が25条を具体化する立法をしない場合に、国の不作為の違憲確認訴訟を提起することができるとしています。しかし、現在、不作為の違憲確認訴訟に関する手続きがない以上、権利があるといっても提訴のしようがないという難問にぶつかります。

　具体的権利説については、不作為違憲確認訴訟の可否の問題を離れてみた場合、生存権をもって具体的なものと解すべき場合がありうることに留意しなければなりません。つまり、生存権を具体化する趣旨の法律の定める保護基準、あるいはこの種の法律にもとづいて行政庁が設定した保護基準が不当に低いような場合には、25条に違反し無効とされうると解されます。また、この種の法律を廃止すること、あるいは正当な理由なしに保障基準を切り下げる措置は、生存権を侵害する行為として、違憲無効となります。これらの効果は、生存権がまさに法的権利であるがゆえに生ずることなのです。

4　生活保護行政の実態

(1)　生活保護行政

　25条の理念を具体化する社会保障・社会福祉立法が整備され，それらの法律の目的にそって適切な行政による執行が行われたとしても，要保護者と直接に接触して法を具体化する保護行政の末端組織が，法の運用を的確に行うのでなければ，25条の理念を実際に生かすことはできません。生活保護法では，保護の補助機関として，社会福祉事業法に定める社会福祉主事が設けられ，その社会福祉主事のもとに保護に関する情報を収集する民生委員が協力して，申請や職権によって要保護者の生活の実態にもとづいた公的扶助を行っています。社会福祉主事の資格をもつ面接員や地区担当員（ソーシャルワーカー）は，保護の申請があると，申請者の世帯を単位として，世帯員の人数，年齢，障害などの個別の事情，扶養義務者がいればその者の状況，世帯の収入，資産（土地，家屋，預貯金など），家賃，健康状態などの調査を行って保護の要否を決定します。そして，保護開始後も，収入，支出その他生計の変動を被保護者の届出や職権によって把握し，保護の変更，停止，廃止を決定します。このような生活保護行政の過程で，被保護者の自立助長のための指導が行われますが，その指導にあたっては，被保護者の生存権を踏まえた建設的なものでなければならないというケースワーク・サービスの考え方が強調されています。しかしながら，現実のケースワーカーの保護や指導は，保護基準に合わせた保護の決定という経済的機械的な給付事務になる傾向を生み出しています。

COLUMN

生活保護法とは

　25条の理念にもとづき，国が生活に困窮するすべての国民に対し，その困窮の程度に応じ，必要な保護を行い，最低限度の生活を保障するとともに，その自立を助長することを目的とする法律です。保護の基準は，要保護者の年齢別，性別，世帯構成別，所在地域別その他保護の種類に応じて，最低限度の生活の需要を満たすに十分で，かつ，これを超えないものとい

> う原則にもとづいて厚生大臣が定めることになっています。保護の種類は，生活扶助，住宅扶助，医療扶助，介護扶助など8種で，これらの扶助は，単給または併給として行われます。実施機関は，都道府県知事・市長及び福祉事務所を管理する町村長で，保護事務は福祉事務所で行い，民生委員がこれに協力することとなっています。

(2) クーラー撤去という条件づけ

　上記のクーラー撤去事件における女性は，退院後もほとんど寝たきりの状態が続きました。クーラーを外した電器店主が，好意で新品を無料で取り付けましたが，このクーラー取り付けについては，市も「健康面を考え，取り外すことは考えていない」とコメントしました。

　厚生省は，生活保護家庭におけるクーラーの設置について，社会・援護局長通達で，「必要性があり，保有を認めても当該地域の一般世帯との均衡を失することにならないもの」に限る，としていました。具体的には，「当該地域の全世帯の70％程度の普及率」を基準にして「各市町村が具体的に判断する」（厚生省保護課）ことになっていました。ちなみに，総務庁の『全国消費実態調査報告』（平成元年）では，埼玉県内のクーラー保有世帯は82.4％に達していました。しかし，埼玉県福祉課によれば，現実には「厚生省から"生活保護世帯のクーラーはだめ"との指導があるのは事実」ということでした。また，桶川市は，「生活保護は国の機関委任事務なので，厚生省の判断に従うしかなかった」と釈明したそうです（『読売新聞』1994年9月8日朝刊）。

　確かに，現在でも，クーラーのない家庭や職場は存在しています。クーラーがなくても，扇風機などがあれば，十分夏場の暑さをしのげるといえます。こうして，25条は，「健康で文化的な生活」というものの，その「最低限度」を保障しているのであって，"より快適な生活まで保障しているわけではない"という見方がなされることになります。しかしながら，上記のクーラー撤去事件は，現在もらっている生活保護の支給額にクーラー設置の費用を上乗せするよう要求したというような事件ではありません。自分でクーラーを設置して

使っていた人が，生活保護の申請をして受給を始めたところ，クーラーを撤去しなければ生活保護を打ち切るといわれたために，やむをえずクーラーを取り外したという事件でした。しかも，その女性は高齢で病院に通院しており，住家の屋根はトタン板のため日中の室温は40度にもなるという事情もありました。これらの事情を勘案すれば，クーラー撤去という条件づけは，憲法の視点からは許されないと考えるべきでしょう。

ケースワーカーの被保護者への保護や指導は，このような事情を十分に勘案・考慮し，たんに（保護基準や厚生省の判断に合わせた保護や指導という）経済的・機械的なものになる傾向を回避し，被保護者の生存権をふまえた建設的なものとなるよう配慮すべきです。

なお，当該女性の退院（8月30日）後，厚相は，高齢者や病弱者を抱えた生活保護世帯については，実情に即してクーラー保有を認めていく方針を明らかにしました。また，厚生省は，埼玉県（桶川市）のほかにも，厚生省が生活保護世帯にクーラーの所有を認めていないと理解していた自治体があることを知り，各都道府県に対し，クーラーについては「厳密に7割にこだわるよりも，世帯個々の実情に配慮する」という方針を徹底する旨通知しました（『毎日新聞』1994年9月8日夕刊）。

また，埼玉県は，従来の方針を変えて，設置してから年数がたっているクーラーの保有だけでなく，世帯に高齢者，障害者，病弱者がいて，健康管理の面から必要とされる場合には，新しいクーラーでも，その保有をも認めるとしました。

世帯類型別最低生活保障水準（平成9年度）

	標準3人世帯 33歳男・29歳女・4歳子	老人単身世帯 70歳女	老人2人世帯 72歳男・67歳女	母子3人世帯 30歳女・9歳子・4歳子
1級地―1	174,859	107,608	148,747	198,628
1級地―2	167,575	104,679	143,962	191,510
2級地―1	106,292	99,521	136,957	182,728
2級地―2	153,008	96,673	132,262	175,611
3級地―1	140,724	86,434	120,177	161,829
3級地―2	133,441	83,666	115,552	154,692

注　1　各世帯類型に該当する他扶助および加算等を含む額である。
　　2　就労収入のある場合には，収入に応じた額が勤労控除として控除されるため，現実に消費し得る水準としては，上記の額に控除額を加えた額となる。

生活扶助基準の推移
（各年度4月1日現在，月額）

	標準3人世帯・1級地―1	
実施年度	基準額（円）	前年比（％）
平成2年度	140,674	103.1
3	145,457	103.4
4	149,966	103.1
5	153,265	102.2
6	155,717	101.6
7	157,274	101.0
8	158,375	100.7
9	161,859	102.2

資料　厚生省編『厚生白書』（平成9年版）より。

8 ■ 死刑は残虐な刑罰なのか？

【関連条文】
第36条【拷問及び残虐刑の禁止】公務員による拷問及び残虐な刑罰は，絶対にこれを禁ずる。

1 死刑をめぐる2つの判決

(1) 死刑は合憲

　平成12年6月6日，東京地裁は地下鉄サリン事件など10の事件で殺人罪などに問われた被告人に対して，無期懲役の判決を言い渡しました。この判決に対して，死刑の求刑をした検察をはじめ，被害者や遺族は驚きと反発を隠しきれなかった旨の報道がなされましたが，恐らく国民の多くも何となく納得できないものを感じたのではないでしょうか。今現在，わが国においては極刑としての死刑があり，そのことについては賛否両論が渦巻いています。しかし，死刑という刑罰に反対する立場の人も，現行法上死刑がある以上，本件については死刑判決の言渡しを予測した人が多かったのではないでしょうか。

　ところで，死刑という刑罰についてはそれが36条の「残虐な刑罰の禁止」に違反しないか，また，仮に死刑が違憲ではないとしても廃止すべきか存置すべきか，という問題があり，これまでも大いに議論されてきたところです。そこで，問題提起の意味で以下に2つの判例を紹介します。

　まず，憲法は死刑制度の存続の必要性を承認しており，また死刑は36条に定める「残虐な刑罰の禁止」に違反しないとの判断を下した判決があります。

COLUMN

殺人死体遺棄事件（最大判昭23・3・12刑集2巻3号191頁）

事案は，就寝中の母と妹を槌で殴って即死させ，死体を古井戸に投げ捨てたというものです。第二審では死刑が言い渡されましたが，「死刑こそは最も残虐な刑罰」であり，憲法36条違反であるとする上告趣意に対して最高裁は次のように述べ，上告を棄却しています。

「生命は尊貴である。一人の生命は，全地球よりも重い。死刑は，まさにあらゆる刑罰のうちで最も冷厳な刑罰であり，またまことにやむを得ざるに出ずる究極の刑罰である」。それゆえ，「死刑制度は常に，国家刑事政策の面と人道上の面との双方から深き批判と考慮が払われている」のであり，「死刑の制度及びその運用は，……常に時代と環境とに応じて変遷があり，……進化がとげられてきた」。

「新憲法は一般的概括的に死刑そのものの存否についていかなる態度をとっているのであるか。……まず，憲法第13条においては，すべて国民は個人として尊重せられ，生命に対する国民の権利については，立法その他の国政の上で最大の尊重を必要とする旨を規定している。しかし，同時に同条においては，公共に福祉という基本的原則に反する場合には，生命に対する国民の権利といえども立法上制限乃至剥奪されることを当然予想しているものといわなければならぬ。そしてさらに，憲法第31条によれば，国民個人の生命の尊貴といえども，法律の定める適の手続によって，これを奪う刑罰が科せられることが，明かに定められている。すなわち憲法は，現代多数の文化国家におけると同様に，刑罰として死刑の存置を想定し，これを是認したものと解すべきである。言葉をかえれば，死刑の威嚇力によって一般予防をなし，死刑の執行によって特殊な社会悪の根元を絶ち，これをもって社会を防衛せんとしたものであり，また個体に対する人道観の上に全体に対する人道観を優位せしめ，結局社会公共の福祉のために死刑制度の存続の必要性を承認したものと解せられるのである」。

さらに，憲法36条の残虐刑禁止について，「刑罰としての死刑そのものが　一般に直ちに同条にいわゆる残虐な刑罰に該当するとは考えられない。ただ死刑といえども，他の刑罰におけると同様に，その執行の方法等がその時代と環境とにおいて人道上の見地から一般に残虐性を有するものと認められる場合には，勿論これを残虐な刑罰といわねばならぬから，将来若し死刑について火あぶり，はりつけ，さらし首，釜ゆでの刑のごとき残虐

な執行方法を定める法律が制定されたとするならば，その法律こそは，まさに憲法36条に違反するものというべきである」。

(2) 死刑の選択基準

次にあげるのは，どのような場合に死刑という刑罰の選択が許されるのかに言及した判例です。ここで最高裁が示した基準は，後でみる死刑存置論の論拠とも通じるところがあります。

COLUMN

永山事件（最判昭58・7・8刑集37巻6号609頁）

犯行時19歳であった被告人が，米軍基地内で盗んだ拳銃を用いて，昭和43年10月から11月にかけて4名を射殺，社会に大きな衝撃を与えた事件です。昭和54年7月10日に東京地裁は死刑の判決，昭和56年8月21日に東京高裁は無期懲役刑に減刑，検察官の上告を受けた最高裁は58年に破棄差戻し判決，差戻審の東京高裁は昭和62年3月18日に死刑の判決，さらに平成2年4月17日に最高裁で死刑判決が確定しました。

昭和58年の判決で最高裁は次のように判示しました。「死刑制度を存置する現行法制の下では，犯行の罪質，動機，態様ことに殺害の手段方法の執拗性・残虐性，結果の重大性ことに殺害された被害者の数，遺族の被害感情，社会的影響，犯人の年齢，前科，犯行後の情状等各般の情状を併せ考察したとき，その罪責が誠に重大であって，罪刑の均衡の見地からも一般予防の見地からも極刑がやむをえないと認められる場合には，死刑の選択も許されるものといわなければならない。」

ここでは，死刑の選択が許される基準として，「その罪責が誠に重大であって，罪刑の均衡の見地からも一般予防の見地からも極刑がやむをえないと認められる場合」をあげています。

2 犯罪と刑罰

(1) 罪刑法定主義

　上であげたケースでは，ともに殺人という行為が犯罪行為とされ，死刑という刑罰が科せられたわけですが，では，人を殺すという行為がなぜ犯罪なのでしょうか。それに対してなぜ死刑という刑罰が科せられるのでしょうか。大半の人は，「刑法がそのように定めているからだ」と答えるのではないでしょうか。正解です。刑法という法律の199条が「人を殺した者は，死刑又は無期若しくは三年以上の懲役に処する」と定めているからこそ，殺人という行為は犯罪とされ，それに対して死刑を含む一定の刑罰が科せられるのです。いまさら何をと思う人もおられるでしょうが，どのような行為をすれば犯罪とされ，それに対してどのような刑罰が科せられるのかは，予め法律で定めておかなければならないという原則が昔からあったわけではないのです。

　1789年のフランス人権宣言の8条は「何人も犯罪以前に制定せられ，公布せられた法律により，かつそれが適法に適用されるのでなければ処罰されない」と定めました。これは，人権を保障するためには，アンシャン・レジューム（旧体制）の下で行われていたような国家の恣意的な刑罰権行使は認められない旨を明らかにした規定であり，その後各国の憲法に波及していきました。このような原則は「罪刑法定主義」と呼ばれていますが，これを理論づけたのが近代刑法の父ともいわれるドイツの刑法学者フォイエルバッハです。なお，この原則の意味するところは「法律なければ犯罪も刑罰もない」という言葉で端的に言い表わされています。

　現行憲法も，罪刑法定主義の採用を定めています。31条は「何人も，法律の定める手続によらなければ，その生命若しくは自由を奪われ，又はその他の刑罰を科せられない」と定めています。この規定の意味するところについては学説上対立がありますが，通説は，31条は刑罰を科するためにはその手続が法定されることだけでなく，その法定手続が適正でなければならないこと，および，実体もまた法律で定められなければならないこと（すなわち，罪刑法定主義），

その実体規定も適正でなければならないことが必要であることを定めていると解しています。そして，罪刑法定主義からさらに，①慣習刑法の禁止，②遡及処罰禁止の原則，③類推解釈の禁止，④刑罰法規の明確さと適正さ，⑤絶対的不定期刑の禁止，といった原則が派生すると解されています。

(2) 犯罪と刑罰

罪刑法定主義の原則により，どのような行為が犯罪とされ，それに対してどのような刑罰が科せられるかは，予め法律によって定めておかなければならないとしても，そもそも犯罪あるいは刑罰とは何なのでしょうか。

(i) 犯　　罪

ある行為が犯罪として成立するためには，構成要件該当性・違法性・有責性という3つの要件を満たしていることが必要とされています。構成要件該当性とは，外部に現われた行為が刑法に規定されている犯罪の類型に当てはまることをいいます。たとえば，「人を殺」すという行為が殺人罪の構成要件です。違法とは，法益――法によって保護される利益――を侵害した行為につき法秩序による否定的評価をいうとされています（構成要件に該当する行為は違法の推定を受けます）。有責とは行為に対して非難することが可能であることをいいます。ですから，たとえば人を殺しても正当防衛が成立する場合にはその行為は違法ではありません。また，心神喪失者が殺人を犯してもその行為は刑法上罪にはなりません。要するに「犯罪とは，構成要件に該当する違法で有責な行為である」と定義づけられます。

(ii) 刑　　罰

犯罪に対して国家は刑罰権を行使して刑罰を科しますが，刑罰の本質が何かについては古くから刑罰理論として議論されています。たとえば，「応報刑」という考え方では，刑罰を犯罪に対する応報と捉えます。これは，「目には目を，歯には歯を」という同害報復（タリオ）の思想や，刑罰をもって犯罪に報いることによって正義が回復されるという思想に支えられた考え方です。また，この考え方によれば，刑罰の目的は刑罰を科することによって社会を威嚇し，犯罪の発生を予防することにある（一般予防主義）とされます。「目的刑」とい

う考え方では，刑罰は応報ではなく，犯罪人の社会復帰のために彼らを矯正する手段であると捉え，その目的は犯罪を犯した者の再犯を防ぐことにある（特別予防主義）としています。難しい問題ですが，今日ではこれらを止揚する理論として，犯罪に対する責任という限度で刑を科しつつ（応報），その枠内で予防目的を考慮しようとする立場（「相対的応報刑」論）がとられるようになってきています。

なお，現行刑法が定めている刑罰には，死刑，懲役，禁錮，罰金，拘留，科料という6つの主刑と，付加刑としての没収があります。刑罰として死刑を予定している犯罪は，刑法上で殺人罪（刑法199条）をはじめ12種，特別法で5種あります。

刑の種類

生命刑	死刑	有罪が確定後，6カ月以内に法務大臣の命令によって，5日以内に執行 監獄内で絞首にて執行
自由刑	懲役	無期または有期（有期は1カ月以上15年以下） 監獄内に留置され，定役（刑務作業）が科される
	禁錮	無期または有期（有期は1カ月以上15年以下） 監獄内に留置されるが，定役（刑務作業）が科されない
	拘留	1日以上30日未満 留置場に拘留されるが，定役（刑務作業）が科されない
財産刑	罰金	1万円以上
	科料	1千円以上1万円未満
	没収	犯罪に関する物を，その所有権を剥脱し国庫に帰属（没収できないときは価額の追徴）

注　それ自体を独立に科することができる刑罰を主刑といい，主刑を言い渡すときにそれに附加してのみ科しうる刑罰を附加刑という。刑法は死刑，懲役，禁錮，罰金，拘留および科料を主刑とし，没収を附加刑としている。

3　死刑制度

(1)　憲法と死刑

　最初にあげたように，最高裁は死刑は36条に反するものではないとの判断を示しましたが，この判決には検討すべき点があるように思われます。判決は，①13条より，生命に対する国民の権利も公共の福祉に反する場合には剝奪できること，②31条より，法律の定める手続によれば国民個人の生命を奪う刑罰を科することができること，という二点を根拠に，憲法は死刑の存置を想定・是認しているとしています。その上で，③死刑そのものが一般的に直ちに残虐な刑罰に該当するものではなく，ただその執行方法などによっては残虐な刑罰に該当する，と結論づけたのです。しかし，個人の尊厳を最高の価値とする現行憲法が，刑罰権の名において国民の生命を奪うことまで想定しているといえるのでしょうか。また，「公共の福祉」の内容も問題ですが，13条の規定からただちに，生命に対する権利を「剝奪」できる＝存在を抹殺できるという解釈を導き出すことは妥当でしょうか（「一人の生命は，全地球よりも重い」との認識とどのように整合するのでしょうか）。31条の規定を読むかぎりでは，死刑の存在は可能でしょうが，その採用を積極的に定めたものとはいえないのではないでしょうか。死刑という刑罰は，犯罪人の矯正という目的とは相容れないのではないでしょうか。さらに，「死刑の執行によって特殊な社会悪の根元を絶（つ）」という発想は，絶対的応報刑の考え方につながるのではないでしょうか（この点は，刑罰の本質をどのように理解するかという問題にかかわります）。③については，死刑という刑罰そのものの残虐性にこたえていないのではないかとの疑問が残ります。

　最高裁は，この判決で示した論理を用いてその後も一貫して死刑を合憲とする立場を取り続けていますが，もう少し精緻な論理を展開することが必要ではないでしょうか。

(2)　死刑廃止論と存置論

　死刑という刑罰がたとえ違憲ではないとしても，これを廃止すべきであると

いう意見と，今後とも存置すべきであるという意見の対立があり，今日もなお活発な論争が展開されています。以下にそれぞれの主な論拠をあげてみます。

死刑廃止論者は次のような理由をあげています。

① 人の生命は何物にも代え難い高貴なものであり，人道的な見地からも，さらには憲法が生命権を保障していることからみても，国家といえどもこれを奪うことはできない。

② 死刑があるからといって凶悪犯罪が減るわけではなく，犯罪予防効果は期待できない。

③ いくら慎重を期しても，裁判には誤判の可能性はないとはいえず，もし誤った判決によって死刑が執行された場合，取り返しがつかない。

これに対して死刑存置論者は次のような理由をあげています。

① 人の生命を奪った以上は，その報いとして生命を奪われる（死刑）のは当然である。

② 死刑という刑罰を置いておくことは凶悪犯罪を抑止する。

③ 誤判はあってはならないが，しかし，誤判の問題は死刑自体の問題とは別問題である。

④ 被害者の遺族や国民感情を重視すべきである。

死刑を廃止すべきか存置すべきかは大変重味のある，難しい問題です。上にあげた論拠も決して決定的なものとはいえないでしょう。ぜひとも皆さんにも考えてほしいと思います。

なお，死刑に代わる刑罰として終身刑の導入も提唱されています。現在の無期刑は，「十年を経過した後，行政官庁の処分によって仮に出獄を許すことができる」（刑法28条）とされていますが，終身刑となれば生涯刑務所から出ることはできません。このような終身刑については死刑以上に非人道的で残虐ではないか，あるいは犯罪人の矯正という目的は期待できなくなるのでは，といった批判があります。また，上で挙げた「永山事件」では，死刑―無期懲役―死刑というように，裁判所としての判断が変わりましたが，ある程度の判断基準を定めても，どうしても裁判官の主観が入ってきます。裁判官しだいで死

全事件裁判確定人員

(平成元年～10年)

| 年次 | 総数 | 有罪 ||||||| 無罪 | その他 |
		死刑	無期懲役	有期懲役	有期禁錮	罰金	拘留	科料		
元年	1,265,997	5	49	57,351	4,391	1,193,231	60	9,716	131	1,063
2	1,271,395	6	32	54,117	4,386	1,206,144	74	5,761	107	768
3	1,208,878	5	24	50,819	3,669	1,148,789	59	4,753	197	563
4	1,230,034	5	29	51,381	3,131	1,170,257	45	4,530	91	565
5	1,199,554	7	27	53,480	2,893	1,137,937	51	4,304	124	731
6	1,140,353	3	35	55,510	2,634	1,077,740	43	3,759	58	571
7	1,031,716	3	35	56,781	2,376	967,512	34	4,406	52	517
8	1,073,227	3	34	59,773	2,446	1,005,684	64	4,708	45	470
9	1,099,567	4	32	61,886	2,321	1,030,612	69	4,167	58	418
10	1,076,329	7	45	63,576	2,350	1,006,000	69	3,757	57	468

注 (1) 検察統計年報による。
　　(2) 「その他」は，公訴棄却，免訴等である。
資料 『平成11年版犯罪白書』43頁より引用。

死刑を執行された人員数

年次	人員	年次	人員	年次	人員
1945 (昭和20)	8	1963 (昭和38)	12	1981 (昭和56)	1
1946 (昭和21)	11	1964 (昭和39)	0	1982 (昭和57)	1
1947 (昭和22)	12	1965 (昭和40)	4	1983 (昭和58)	1
1948 (昭和23)	33	1966 (昭和41)	4	1984 (昭和59)	1
1949 (昭和24)	33	1967 (昭和42)	23	1985 (昭和60)	3
1950 (昭和25)	31	1968 (昭和43)	0	1986 (昭和61)	2
1951 (昭和26)	24	1969 (昭和44)	18	1987 (昭和62)	2
1952 (昭和27)	18	1970 (昭和45)	26	1988 (昭和63)	2
1953 (昭和28)	24	1971 (昭和46)	17	1989 (平成1)	1
1954 (昭和29)	30	1972 (昭和47)	7	1990 (平成2)	0
1955 (昭和30)	32	1973 (昭和48)	3	1991 (平成3)	0
1956 (昭和31)	11	1974 (昭和49)	4	1992 (平成4)	0
1957 (昭和32)	39	1975 (昭和50)	17	1993 (平成5)	7
1958 (昭和33)	7	1976 (昭和51)	12	1994 (平成6)	2
1959 (昭和34)	30	1977 (昭和52)	4	1995 (平成7)	6
1960 (昭和35)	39	1978 (昭和53)	3	1996 (平成8)	6
1961 (昭和36)	6	1979 (昭和54)	1	1997 (平成9)	4
1962 (昭和37)	26	1980 (昭和55)	1		

資料 団藤重光『死刑廃止論 第5版』，『年報・死刑廃止98年』より作成。

刑になったり，無期懲役になったりというのであれば問題です。仮に死刑を存置する場合でも，こうした点はなお検討されなければならないでしょう。

4 被疑者・被告人の人権

(1) 被疑者の人権

死刑は「冷厳な刑罰」であり「究極の刑罰」であるがゆえに，その合憲性なり必要性をめぐって議論の的にされてきましたが，犯罪と刑罰に関わる問題は何も死刑に限定されるわけではなく，ほかにもさまざまな問題があります。捜査に始まる一連の刑事手続において人権への配慮が十分になされ，旧刑事訴訟法下でみられたような不当な人権侵害が行われないように，現行憲法は33条から39条において詳細な規定をおいています。

(i) 不法な逮捕からの自由（33条）

不当な逮捕から国民を守るために，犯罪による逮捕は司法官憲（裁判官）の発する令状（逮捕状，勾引状，勾留状）を必要とすることを定めています。議論が分かれるのは緊急逮捕と別件逮捕ですが，最高裁は前者についてはこれを認めています（最大判昭30・12・14刑集 9 巻13号2760頁）。

(ii) 不法な抑留・拘禁からの自由（34条）

抑留とは一時的な身体の拘束（たとえば逮捕）をいい，拘禁とは継続的な拘束（たとえば勾留）をいいます。犯罪の容疑に関わる場合であっても，不当な身体の拘束が禁じられることはいうまでもありません。

(iii) 不法な住居侵入・捜索・押収からの自由（35条）

個人の私生活の中心の場である住居への不法な侵入と書類および所持品への不法な侵害を排除し，捜索および押収をする場合には司法官憲の発する令状が必要である旨を定めるのが本条です。その主たる目的はプライバシーの保護にあります。

(iv) 拷問の禁止（36条）

自白を得るために肉体的，精神的苦痛を与えるということは人権蹂躙そのも

のであり，そうした手段に訴えることは本条により絶対に禁じられています。

(2) 被告人の人権

(i) 公平な裁判所の迅速な公開裁判を受ける権利（37条1項）

憲法は32条で裁判を受ける権利を保障していますが，37条ではとくに刑事裁判について，公平・迅速・公開という3つの要件が満たされる必要があることを定めています。このうち，「迅速な裁判」については，これが侵害されたと認められる異状な事態が生じた場合には，本条を根拠に審理を打ち切るという非常手段がとられるべきであるとした最高裁判決があります（最大判昭47・12・20刑集26巻10号631頁）。

(ii) 証人尋問権と証人喚問権（37条2項）

被告人の防御活動を保障し，裁判の公平を期するためにも重要な規定です。

(iii) 弁護人依頼権（37条3項）

これも被告人の防御権を保障するためのものであり，経済的理由などのためにみずから弁護人を依頼できない場合のための国選弁護人の制度も本条の定めるところです（なお，被疑者の弁護人依頼権については34条）。

(iv) 自白強要の禁止（38条1項）

これは英米法の「自己負罪拒否の特権」に由来するものといわれ，自白偏重による人権侵害を防止するための規定です。本条の趣旨を受けて，刑事訴訟法では被疑者，被告人の黙秘権を保障しています。また，2項と3項でも1項の趣旨を受けて，自白偏重主義を排除するための規定が置かれています。

(v) 事後法の禁止と一事不再理（39条）

39条前段前半は罪刑法定主義の派生的原則である遡及処罰の禁止を定めています。39条前段後半と後段の意味するところについては議論がありますが，無罪判決確定後に再審を行うことを禁止するとともに，同一事件について2度の処罰をすることを禁止するものです。

刑事訴訟手続

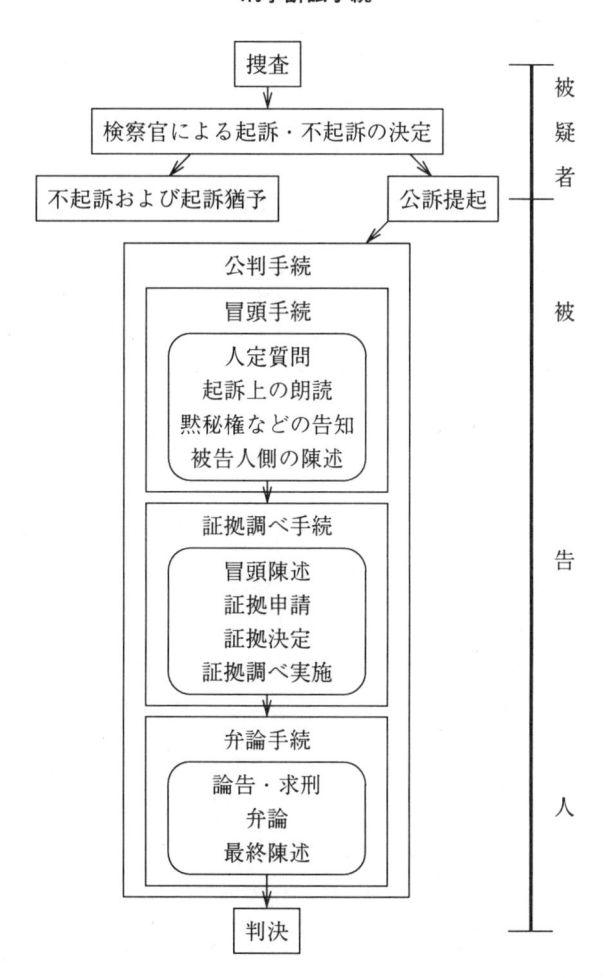

```
           ┌──────┐
           │ 捜査 │
           └───┬──┘
               ↓
    ┌──────────────────────────┐
    │ 検察官による起訴・不起訴の決定 │
    └──────┬───────────┬───────┘
           ↓           ↓
  ┌────────────────┐  ┌──────────┐
  │ 不起訴および起訴猶予 │  │ 公訴提起 │
  └────────────────┘  └────┬─────┘
                            ↓
    ┌──────────────────────────┐
    │       公判手続              │
    │  ┌──────────────────┐   │
    │  │    冒頭手続        │   │
    │  │  人定質問          │   │
    │  │  起訴上の朗読      │   │
    │  │  黙秘権などの告知  │   │
    │  │  被告人側の陳述    │   │
    │  └────────┬─────────┘   │
    │           ↓              │
    │  ┌──────────────────┐   │
    │  │   証拠調べ手続     │   │
    │  │   冒頭陳述         │   │
    │  │   証拠申請         │   │
    │  │   証拠決定         │   │
    │  │   証拠調べ実施     │   │
    │  └──────────────────┘   │
    │  ┌──────────────────┐   │
    │  │    弁論手続        │   │
    │  │   論告・求刑       │   │
    │  │    弁論            │   │
    │  │   最終陳述         │   │
    │  └──────────────────┘   │
    └───────────┬──────────────┘
                ↓
            ┌──────┐
            │ 判決 │
            └──────┘
```

被疑者 | 被告人

9 ■ 平和主義は理想にすぎないか？

【関連条文】
第9条【戦争の放棄，戦力及び交戦権の否認】
① 日本国民は，正義と秩序を基調とする国際平和を誠実に希求し，国権の発動たる戦争と，武力による威嚇又は武力の行使は，国際紛争を解決する手段としては，永久にこれを放棄する。
② 前項の目的を達するため，陸海空軍その他の戦力は，これを保持しない。国の交戦権は，これを認めない。

1　9条の解釈

　憲法の基本原理の1つである「平和主義」を具体的に規定するのが9条です。この9条では，「戦争の放棄」，「戦力の不保持」，「交戦権の否認」を宣言しています。ところで，9条については，従来からさまざまな解釈がなされてきています。しかも，人により異なる解釈が行われるというのが，9条の大きな特徴です。戦後の日本では，昭和29年に設置された自衛隊について，これが憲法の平和主義に反するものとして，いわれなき批判を浴びせられてきました。当時とくに野党の代表ともいうべき旧日本社会党は，頑なに自衛隊の憲法違反を主張してきました。ところが，平成6年7月20日，旧日本社会党委員長でもあった当時の村山富市首相は，衆議院の代表質問において，日米安保条約の堅持と共に「専守防衛に徹し，自衛のための必要最小限度の実力組織である自衛隊は憲法の認めるものと認識する」と発言しました。ここにおいて，結党以来の自衛隊違憲および非武装中立の基本方針を転換することを明らかにしました。
　また同年9月3日の社会党臨時党大会においても，自衛隊の合憲と日米安保条約の堅持が承認されました。旧日本社会党が，国の防衛という極めて重要な基本方針を転換した理由には，万年野党であったのが初めて政権与党になったこと，連立政権での政策上の合意の結果などともいわれましたが，しかしなが

戦後の防衛年表

1945	第二次世界大戦終結
50	マッカーサー，日本の自衛権を強調
	朝鮮戦争勃発・警察予備隊発足
51	平和条約・日米安保条約調印
52	警察予備隊を保安隊に改組
53	池田・ロバートソン会談
54	防衛二法成立（自衛隊法・防衛庁設置法）
	日米相互防衛援助協定調印・自衛隊発足
57	「国防の基本方針」閣議決定
	岸首相，核兵器の保有可能論
58	第1次防衛力整備計画
59	砂川事件判決
60	日米新安保条約調印
62	第2次防衛力整備計画
65	米，北ヴェトナム爆撃開始
67	第3次防衛力整備計画
70	日米新安保条約，自動延長入り
71	非核三原則を国会決議
72	沖縄の施政権返還
	第4次防衛力整備計画（総額4兆6300億円）
73	長沼ナイキ基地訴訟で札幌地裁は自衛隊違憲判決
76	政府「防衛計画の大綱」決定，防衛費をGNP1％以内と閣議決定
80	リムパック（環太平洋合同演習）に自衛隊初参加
82	1000カイリシーレーン防衛研究開始
83	中曽根首相の不沈空母発言
85	中期防衛力整備計画
	防衛費GNP1％枠取りはずし論強まる
86	防衛費GNP1％枠撤廃，90年度まで総額決定方式
91	湾岸戦争，自衛隊掃海艇，ペルシア湾へ初の派遣
92	国連平和維持活動（PKO）協力法が成立
93	自衛隊をPKOとしてカンボジアへ派遣
94	自衛隊をPKOとしてルワンダへ派遣
95	阪神淡路大震災に自衛隊員1万3千人の派遣
96	日米間で沖縄普天間飛行場の7年以内の返還合意
97	駐留軍用地特別措置法改正が成立
	新日米防衛協力のための指針（ガイドライン）決定
98	北朝鮮が弾道ミサイル「テポドン」発射，三陸沖に着弾
	日米間でのTMD構想の共同研究合意
99	北朝鮮工作船の領海侵犯に対して，海上自衛隊が初の海上警備行動をとる
	新ガイドライン関連法成立

ら，現実政治に直面しての否応無しの対応（後藤田発言）であったと思われます。

ところで，9条については，解釈の問題だけではなく，現実の国際社会の状況やこの9条にもとづく今日のわが国の防衛状況，自衛隊の現状についても，一人ひとりの国民が関心を持つべきでしょう。なぜならば，国民の生命と財産の維持確保は，国の安全保障を抜きにしては考えられないからです。

国の安全保障には全く関心がないが，自分たちの生命や財産の維持確保はして欲しいということでは，余りにも身勝手というものです。そこで，いま私たちがしなければならないことは，9条の定めている内容と現実の状況とがうまく整合しているのかどうか，このような視点から本題を考えるべきでしょう。

平成4年6月19日制定の国際連合平和維持活動等に対する協力に関する法律(PKO)により，カンボジア派遣，モザンビーク派遣，ルワンダ難民救援，ゴラン高原派遣などで自衛隊が活躍してきました。また，周辺事態に対応すべく，法律の制定とともに既存の自衛隊法や物品役務相互提供協定（ACSA=Acquisition and Cross Seryicing Agreement）の改正も行われることにより，現実への対応と法の整備とが進められてきています。あらゆる事柄での国際協力が強く叫ばれる今日にあっては，いままで当たり前にいわれてきた日本だけの「一国平和主義」ではもはや通用しません。他方また，近隣諸国には今なお軍事力の拡大もしくは核兵器の開発・保持をねらっている国も現存しています。私たちは，平和維持という高い理想を掲げつつ，また国際社会の厳しい現実からも眼をそむけることなく，国家および国民の安全保障をいつも考えたいものです。

(1) 誰がどんな戦争を放棄をするのか

9条は，憲法前文において示された平和主義の理念を具体化した規定です。また本条文が「侵略戦争」ならびにそのための武力の行使を厳に禁止していることは，明らかなところです。学説上もこの点については争いがありません。問題とされるのは，他国の違法な侵略を排除するために行われる「自衛戦争」ならびに国際法に違反して他国を侵略した国家に対して行われる「制裁戦争」と，そのための武力行使をも禁止の中に含まれるか否かで，議論が大きく分かれ，また学説上も対立しています。

ところで、憲法上「誰が」戦争を放棄しているのでしょうか。誰がとは、「日本国民」です。もちろん、一人ひとりの国民を指すのではなく、全体としての日本国民をいいます。したがって、この意味での日本国民とは、国家としての日本国をいうのと同じ意味です。

(2) 「国権の発動たる戦争」、「武力による威嚇」および「武力の行使」

9条中のこれらの用語は、戦争放棄の内容のことであり、どこまでをその範囲とするかということです。これが9条論争の中心問題であり、正に自衛戦争を含むか否かの問題でもあります。

「国権の発動たる戦争」については、そもそも国権の発動を伴わない戦争というものは考えられません。すべて戦争は国家主権の発動であり、したがって、これは「戦争」と同じ意味です。「武力による威嚇」とは、現実に武力の行使はしないが、武力の行使をほのめかして、自国の主張や要求を相手国に強要することを意味します。「武力の行使」とは、現実に武力を行使して外国と戦闘行為をすることであり、戦争に至らない事実上の戦闘行為を意味します。「戦争」と「武力の行使」との相違は、規模の点で異なると共に、国際法上の戦争法規が適用されるか否かにもよります。なお本条解釈の上で、両者の厳密な区別の必要性については、本条自身が双方を共に放棄することから、その区別の実益については消極的に解されています。

9条1項における「国際紛争を解決する手段としては」や、また2項中の「前項の目的を達するため」、「交戦権」などの文言をどのように解釈するかにより、戦争放棄の範囲が異なってきます。学説としては、大きく3つに分かれます。

(i) 1項全面放棄説

「1項全面放棄説」とは、戦力や武力の行使・威嚇は、すべて国際紛争を解決する手段として行われるものであって、自衛戦争も制裁戦争も国際紛争を前提としているから、9条1項では侵略戦争だけでなく自衛戦争・制裁戦争をも含めたすべての戦争を放棄している、と解釈する学説です（宮沢、清宮）。1項全面放棄説の根拠としては、戦争には侵略・自衛・制裁の区別がなく、また区

別することができないと考えます。「国際紛争を解決する手段としての」戦争にはすべての戦争を含むものであり，自衛戦争も当然に含まれていると見なします。したがって，平和主義を理念とし，すべての戦争を放棄する現行憲法からするならば，自衛隊は明らかに憲法違反の存在です。なお，この学説では1項において全面放棄を充足するため，2項自身はそのための注意規定か強化規定に過ぎない，と解釈します。

(ii) 1項限定・2項全面放棄説

「1項限定・2項全面放棄説」は，戦争は侵略・自衛・制裁とそれぞれ区別することができる，とまず解釈します。したがって，1項で放棄する戦争とは，このうちの侵略戦争のみに限定されているのであり，それ以外の制裁・自衛のための戦争までは放棄されていないとします。ところが，2項冒頭の「前項の目的を達するため」という文言を解釈するにおいて，これが1項の「日本国民は正義と秩序を基調とする国際平和を誠実に希求」の部分に該当すると考えます。これにより，2項では戦力の不保持および交戦権の徹底した否認が究極的かつ無条件になされている，と解釈するのです（芦部）。1項限定・2項全面放棄説の解釈の根拠として，①9条1項の「国際紛争を解決する手段として」の戦争という文言は，1928年の「パリ不戦条約（ブリアン・ケロッグ条約）」や国連憲章で使用される慣用語であり，これが侵略戦争を意味すること，②マッカーサー・ノート2項では「自己の安全の保持」をも日本は否定されていたが，その後の起草過程で自衛戦争は禁止から除外されたと推測し得ること，③9条2項で自衛戦争および自衛のための戦力をも否定したのは，そもそも自衛のための戦力と侵略のための戦力との区別が実際上不可能であること，④憲法は宣戦や講和の手段などおよそ戦争に関連する規定を置いていないこと（中村）などがあげられます。そこで結果的には2項において，自衛戦争・制裁戦争の放棄をも宣言していると解釈するのです。この学説からも，日本は自衛戦力を保持することはできず，よって自衛隊は違憲の存在であると解されるのです。

(iii) 限定放棄説

「限定放棄説」は，1項中の「国際紛争を解決する手段として」の戦争とは，侵略的・違法な戦争のことのみを意味し，憲法はこの侵略戦争のみを放棄しているとします。また自衛戦争・制裁戦争については，憲法は何も規定していないと解釈します。次に2項冒頭にいう「前項の目的を達するため」に該当する1項部分として「国際紛争を解決する手段としては」を考えます。これにより，2項で保持しない戦力とは，他国を侵略する違法な陸海空軍その他の戦力のことであるとします。さらに国の交戦権についても，他国を侵略する違法な戦争での交戦権を放棄したものであって，自衛戦争・制裁戦争における交戦権まで放棄したものではないと考えるのです（大石(義)，西）。

限定放棄説の解釈の根底には，①戦争を侵略・自衛・制裁とそれぞれ区別することができること，②パリ不戦条約締結において，侵略戦争の放棄，自衛戦争・制裁戦争の保持は全締約国の了解するところであったこと，③世界の平和をその最大・最高の目的とする国連ですら，その国連憲章51条において，集団的自衛権・個別的自衛権を定めていること，④国家には固有としての自衛権のあること，などが基礎になっています。かくして，限定放棄説からするならば，日本が放棄しているのは，あくまでも侵略戦争であり，またそのための武力の行使およびそのための国の交戦権です。侵略戦争以外の自衛・制裁のための戦争については，憲法では何ら規定されていないことから，したがって，これらの必要性の有無については，国家の立法政策上の問題であると解釈します。つまり，国家が自衛および制裁のための軍隊を必要とするならば，それはその時々の立法府が決めることとなるのであり，当然に立法府は自国の財政力・軍隊の規模・装備の水準・近隣各国への配慮などを勘案して決定するものです。かくして，現行自衛隊は，国会（立法府）の決議において，昭和29年，「自衛隊法」という法律にもとづき設置されたものです。これは自衛隊の存在とその必要性を当時の国家（国民）が認めたからであり，これにより，わが国は自衛のための軍隊を持つ政策をとることを内外に明示したものということができるわけです。限定放棄説からするならば，当然に自衛隊は合憲です。

2　政府の有権解釈と戦力の意味

(1)　政府の有権解釈

9条に関する政府解釈は，解釈形態としては「1項限定・2項全面放棄説」をとります。しかし，政府解釈から導かれる結論は学説と異なり，自衛隊を合憲とするものです。政府解釈によれば，1項では侵略戦争のみ放棄するが，それ以外の戦争は放棄していないとします。また，2項では全戦力の不保持および交戦権の全面的否定を認めることにより，日本は「全ての戦争」を放棄していると解釈するのです。

ところで，政府は9条にいう「戦力」とは別に「自衛力」という概念があるとします。この自衛力とは「自衛のため必要最小限度の実力」であるといいます。またこの実力の具体的な限度とは，その時々の国際情勢，軍事技術の水準その他の諸条件により変わり得る相対的な面を有するといいます。そこで，いかなる国家にも「自衛権」は認められているのであり，したがって，わが国も9条で国家の「自衛権」まで放棄していない，とします。この自衛権が認められる以上，「自衛のため必要最小限の実力＝自衛力」を保持することは許される訳です。かくして「自衛力」に相当するのが自衛隊である，と解釈するのです。これを整理すると，自衛隊とは「自衛のため必要最小限度の実力」であり，決して戦争などに使用される「軍隊」ではない，ということになります。したがって，自衛隊が有する兵器は，あくまでも自衛力に限定されているため，相手国の国土を攻撃するような兵器，たとえばICBM（大陸間弾道ミサイル），長距離爆撃機および攻撃型空母などを保有することは許されないと解されています。

このように政府解釈には，明らかに特定用語の使用を避け，別の用語でこれを説明しようとする傾向が見られます。すなわち，「自衛のための戦力」という用語を避けて，「自衛力」という用語を使用し，「自衛戦争」の代わりに「自衛権の発動」という用語を使用しているのです。政府は，「戦争」や「戦力」という用語を意図的に避けて，しかも自衛隊を合憲とするために，このような無理な解釈を行ってきているのです。これらはすべて自衛隊を「軍隊」といわ

せないための方便ですが，このような政府解釈がより事態の混乱を招いている，ということができます。

(2) 「戦力」の意味

ところで，9条2項中にある「戦力」の意味について，さまざまな解釈が行われています。とくに，保持を禁じられた戦力とは何を意味するのか，主としてその範囲について問題とされます。具体的には，自衛隊は戦力に当るか否かの問題です。戦力については，以下のような考え方が示されています。①戦争もしくは武力行使に役立つ可能性をもった一切の潜在的能力を含むもの。②軍需生産・航空機・飛行場・港湾施設・原子力施設をも戦力と見なす。③軍隊（または軍備）を意味する。④陸海空の軍隊，すなわち外敵に対して国土を防衛することを目的として設けられる人的物的組織，⑤および予め有事の場合に，軍隊とする目的をもって設けられた組織体，⑥ならびに専ら戦争遂行用に準備される物的手段，すなわち原水爆，軍艦，爆撃機等の生産設備などを意味する。戦争を遂行する目的と能力を有し，多少とも組織的な武力または軍事力を意味する，ということになります。現実の問題としては，政府のいう「自衛のための必要最小限度の実力」の基準がこれらのどこに位置するのかが，問題です。攻撃型兵器の保有は許されないとするものの，そもそも政府の基準がきわめて不明確という批判がなされています。

(3) 「シビリアン（civilian）コントロール」の意味

9条に関連して「シビリアンコントロール」の意味が，よく議論されてきました。ところで，この「シビリアン」もしくは「シビリアンコントロール」とは，どのような意味なのでしょうか。

一般に「シビリアン」とは「文民」と訳されますが，この訳語の生い立ちは，憲法制定と深い関係があります。憲法改正案を審議した第90回帝国議会小委員会で，芦田均委員長の意見により，9条2項の冒頭に「前項の目的を達するため（In order to accomplish the aim of the preceding paragraph）」という辞句が付け加えられました。いわゆる，「芦田修正」と呼ばれるものです。これがどのような意味を指すのか，さまざまに議論されましたが，一般には「これに

より日本の自衛力の保持を妨げるものではないことがより明確なものとなった」と解釈されたのです。当然に，総司令部側も日本の再軍備の可能性に関しては，最大の注意を払っていました。本来は日本の再軍備などは認められないはずでしたが，占領開始直後から米ソの対立が水面下では起こり始めていました。いずれ近い将来，日本の再軍備が米国にとって必要になるとの考えから，言下に否定はされなかったのです。しかし，日本の過去に対する不安もありました。そこで，総司令部はこの対策として再軍備の可能性を認めるも，過去のような専門的な職業軍人が政治の舞台に二度と現われないようにするため，「文民条項」と呼ばれる規定をあわせて66条2項に挿入させたのです。

3 集団的自衛権

(1) 集団的自衛権の意味

集団的自衛権とは，自国と密接な関係を有している同盟国に対して，それ以外の外国が武力攻撃をした場合に，自国が直接的に武力攻撃を受けていないにもかかわらず，自国への攻撃と解して実力で阻止する権利をいいます。たとえば，日本は米国との間で安全保障条約（日米相互協力及び安全保障条約・1960年）を締結しています。この条約は，米ソ冷戦構造の最中において，極東アジアの平和と安全を確保するために締結されたものです。この条約については，共同防衛の形態をとりつつもわが国の平和と安全を脅かすものに対して，米国がこれに対抗するものです（そのためにわが国は米軍への基地の許与を行っていて，きわめて片務性の強いのが特徴とされました）。

ところで，日本政府の従来からの解釈とは，集団的自衛権の存在はこれを認めるのですが，その行使はないというものでした。つまり，権利はあるが行使することはできないという解釈です。論理的に見て苦しい解釈といえますが，90年代に入ってからの急激な国際社会の変化に伴い，日本だけの勝手な論理は通用しなくなりつつあります。

(2) 協定や法律の整備

ところで，日米間では，21世紀に向けた安定と繁栄を維持するための基盤としての同盟関係を確認すると共に，ACSAの締結（97年4月15日）や「日米防衛協力のための指針（Guidelines for Japan-U. S. Defense Cooperation）」いわゆるガイドラインの策定（97年9月23日）等が行われてきました。さらに「周辺事態安全確保法」の制定により，日米防衛関係は従来とられてきた日本が一方的に米国に依存する形態から，制限付ながら日本もある程度の役割を担うという形態へと，確実に変化してきています。

4　自衛隊の国連PKO参加

(1)　カンボジアPKO活動以前の日本

91年の中東湾岸戦争以前に，日本の自衛隊（文民警察官を含む）が海外に出ることは一切ありませんでした。それは半世紀以上も前の戦争に対する極端な自己反省に由来するものでした（たとえば，1954年に「自衛隊の海外出動を為さざることに関する決議」が参議院において行われています。それによると，「本院は，自衛隊の創設に際し，現行憲法の条章とわが国民の熾烈なる平和愛好精神に照らし，海外出動はこれを行わないことを，ここに改めて確認する」としていました）。こんな具合ですから，国際的な問題が起きるたびに，日本はお金は出すが人は出さない主義できたのです。

ところが，湾岸戦争を契機として，国際社会における日本の貢献策は何か，日本が積極的に行うことのできる範囲はどこまでのことなのか，などということが真剣に議論されました。とくに湾岸戦争以後に明確になったことは，危険な状況における経済的（財政的）貢献だけではもはや諸外国からの支持や同意は得られない，否，むしろ国際社会で孤立し軽蔑を受けるのみということでした。そこで，遅ればせながら日本は湾岸戦争に伴うペルシャ湾での機雷掃海作業に海上自衛隊を派遣し，ようやく諸外国からの評価を得ました。

(2)　日本の積極的なPKO活動

これが今までの自衛隊海外派遣不可の突破口となり，つづくカンボジア国連

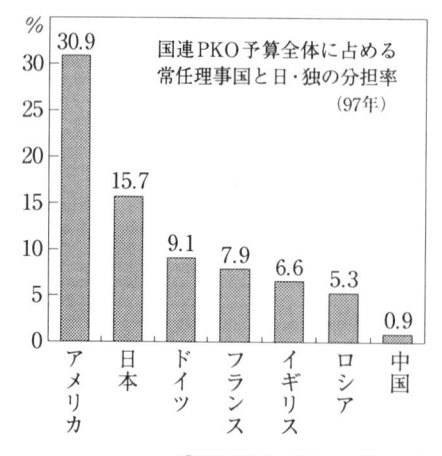

国連PKO予算全体に占める
常任理事国と日・独の分担率
(97年)

国	%
アメリカ	30.9
日本	15.7
ドイツ	9.1
フランス	7.9
イギリス	6.6
ロシア	5.3
中国	0.9

(『読売新聞』1998年2月9日)

PKO派遣人数の国別順位

順位	国	人数
1	ポーランド	1084
2	バングラデシュ	1025
3	オーストリア	831
4	フィンランド	780
5	ガーナ	776
6	アイルランド	733
7	ノルウェー	724
8	アルゼンチン	667
9	ネパール	661
10	米国	644
11	フィジー	632
12	イギリス	479
13	フランス	451
14	ロシア	436
15	ポルトガル	422
16	ジンバブエ	392
17	インド	353
18	スロバキア	261
19	カナダ	254
20	ヨルダン	247
21	ザンビア	243
22	ナミビア	192
23	ドイツ	188
24	スウェーデン	164
25	ハンガリー	162
43	日本	45

(97年12月末現在・国連調べ)
(『読売新聞』1998年2月9日)

平和維持活動(UNTAC=United Nations Transitional Authority in Cambodia)への自衛隊参加となりました。92年6月に制定された「国連平和維持活動協力法」に基づく国際的舞台での自衛隊参加でした。自衛隊員の活動は、劣悪な環境でしかも短期間であったにもかかわらず、総選挙の実施、道路補修・橋梁の架設など多くの成果を挙げることができました。これにより日本は、国際的にも評価を得ることができ、また日本の技術力および能力を海外に示すことができたのです。ただし、カンボジア国連平和維持活動では、国連ボランティアおよび文民警察官の併せて2名の日本人が犠牲になりました。国際貢献の重要性とともに、その対応の難しさと任務の崇高さとを、日本国民は改めて認識させられました。

　カンボジア派遣後、モザンビーク(ONUMOZ=United Nations Operation in Mozambique)への派遣、さらにはルワンダ難民救援活動のための自衛隊員派

遣（94年9月13日）が行われました。この救援活動には，480人の自衛隊員が派遣され，主としてザイールのゴマにおいて医療・防疫・給水・施設建設および輸送の諸活動を行いました。そして3カ月後に任務を終了し，全員無事に日本に帰還しました。なお，ルワンダ難民救援活動は，自衛隊員の派遣ではありましたが，そもそも国連難民高等弁務官事務所の救援要請に日本が応えたものであり，人道的な国際救援活動としての行動であり，いわゆる国連平和維持活動とは異なるものでした。その後もゴラン高原での国連兵力引き離し監視団としての任務や，ホンジュラスのハリケーン災害救助なども行われています。

COLUMN

PKOとPMOとの違い

　PKOの目的は，紛争地域の平和を維持しおよび回復を救済することです。そしてこの組織は，国連により編成される軍事要員からなるもので，戦闘または紛争の完全停止後，当事国双方の要請を受けて，国連総会または安全保障理事会の決議により派遣されるものです。主たる活動は，休戦や国境紛争の軍事的監視，紛争後の秩序回復を目的とする警察活動，国民総選挙実施への協力など非軍事的・非強制的な性格を有するものです。PKOのための兵力提供は，参加国の自発的意思によるものですが，参加国は紛争当事国双方に政治的に中立でなければなりません。PKOの指揮・編成は国連事務総長の権限にあり，派遣等の費用は国連の通常経費で賄われますが，参加各国の負担，特別分担などにより行われているのが現実です。日本は，カンボジアへの参加につき，五原則（①紛争当事者間での停戦の合意，②日本の参加に対する紛争当事者の合意，③紛争当事者に対する中立性の確保，④以上3つの条件を欠いた場合の参加部隊の撤収，⑤自衛のための必要最小限度の武器使用）を独自に定めました。

　PMOとは，国連軍による強制措置のことであり，一般には国連の「平和強制活動（Peace-Making Operation）」と呼ばれるものです。国連は，侵略的行為を行った国家に対しては，速やかなる撤退を勧告（recomendation）すると共に，経済封鎖等の非軍事的措置をとるよう国連加盟各国に要請を行います。侵略国が国連の勧告を無視し，また加盟各国が国連の要

請を受けて行う非軍事的な措置が効果を奏しない場合，国連憲章は軍事的強制措置をとることを認めています。国連のとる軍事的強制措置とは，国連加盟各国による軍事的示威行動，陸海空の封鎖その他の軍事的行動をとることですが，参加兵力・援助・その他の便益については，国連安全保障理事会が事前に軍事的強制措置についての特別協定を締結している加盟国と協議し，要請することになっています。統一された「国連軍」にはなりませんでしたが（アメリカを中心とする多国籍軍として編成された），国連がイラクの違法性を決議し，クウェートからの即時撤退勧告後，勧告が無視されたため軍事的強制措置に踏み切った91年「中東湾岸戦争」は，この事例といえるでしょう。

COLUMN

(1) 恵庭事件（札幌地判昭42・3・29刑集9巻3号359頁）

　北海道千歳郡恵庭町にある自衛隊演習場付近の酪農民が，自衛隊による砲撃の爆音などで，飼育中の乳牛が被害を受けたこと（流産・乳量の減少）を根拠に，自衛隊に対して補償を請求しましたが，補償規定がないことを理由に認められませんでした。ただし，以後の射撃については，事前連絡をすることで相互に了解しました。ところが，その後に自衛隊側がこの連絡をせずに射撃を開始したために，被告人は憤慨して自衛隊の射撃命令伝達用の電話通信線を切断しました。被告人は，自衛隊法121条の防衛用器物損壊罪で起訴されました。被告人側は，憲法9条・前文等の諸条項を根拠に，121条の違憲無効と自衛隊それ自体の違憲性を主張しました。

　札幌地方裁判所は，刑罰法規はまず明確な表現で規定されていなければならないとして，「罪刑法定主義」の原則に則した自衛隊法121条の解釈を強調し，切断された通信線が「その他の防衛の用に供する物」には該当しないと判断しました。また自衛隊法ならびに自衛隊そのものの違法性については，およそ裁判所が一定の立法なりその他の国家行為について違憲審査権を行使し得るのは，具体的な法律上の訴訟の裁判においてのみであるとともに，出来るかぎり限定されるべきという考えを示しました。本件のような裁判では，被告人の行為がもはや自衛隊法違反の構成要件に該当しないと判断した以上，さらに憲法問題につき裁判所が何らかの判断を行う必要がないばかりか，また行うべきではないとして，自衛隊違憲・合憲に対する憲法判断を回避しました。

(2) 長沼ナイキ訴訟（最判昭57・9・9民集36巻9号1679頁）

防衛庁は，第3次防衛力整備計画に基づく防衛力強化のために，航空自衛隊第3高射群施設を設置することを決定し，農林省から国有林（通称馬追山国有林）の一部につきその保安林指定解除の手続申請を行いました。昭和44年7月7日，農林大臣は森林法26条2項に従って，同保安林指定解除の処分を行いました。この処分に対し，地元住民は自衛隊は違憲である等を理由に，同保安林指定解除の処分は「公益上の理由」に該当せず，違憲であるとしてその取消を求めたものです。

一審では，憲法前文の平和的生存権・原告適格・原告らの「訴えの利益」を認め，さらに国家行為の憲法適合性に対する裁判所の積極的審理判断を認めました。そして，前文の平和主義の理念などを根拠に，自衛隊は明らかに「外敵に対する実力的な戦闘行動を目的とする人的・物的手段としての組織体」と認められ，軍隊であるが故に，9条2項がその保持を禁じている「陸海空軍」という「戦力」に該当する，と判決しました（札幌地裁昭48・9・7）。

二審では，憲法前文における「平和的生存権」につき，裁判規範として何ら現実的・個別的内容を有するものではないこと，「原告適格」についても直接に生命・身体の安全保持に影響を及ぼされる者に限られるべきこと，その意味で本件での訴えの利益は認められないこと，を判示しました。また9条は，国家機関に対する禁止命令であって，個々の国民の利益保護を具体的に配慮したものではないこと，自衛隊の存置は高度の政治性を有し，したがって，一見きわめて明白に違憲・違法と認められない限り，司法審査の対象にはならないこと，2項が自衛のための戦力まで禁止しているかは必ずしも明確ではないこと，そして自衛隊の憲法判断について裁判所はこれを行うべきではない，と判示しました（札幌高判昭51・8・5）。

最高裁判所では，憲法論には全く触れられず，訴えの利益が失われたとして控訴審の判断を支持し，住民側の上告を棄却しました。

(3) 百里基地訴訟（最判平元・6・20民集43巻6号385頁）

茨城県小川町にある航空自衛隊百里基地予定地内に所有する土地（宅地・畑・原野）を土地所有者（X）は基地反対派住民（Y）に売却する契約をしました（昭33・5・19）が，Yが仮登記期日までにその売買代金の残金を支払わなかった（総額306万円中，内金として110万円が支払われていた。未払いの残金は，196万円であった）ので，Xは防衛庁（国）に同土地を売却

し，所有権移転登記を完了しました（昭33・6・25）。本訴では，XはYに対して，宅地の所有権移転登記および原野の仮登記の抹消を求め，また国はYに対して，同土地の所有権確認および畑（2筆）に対する仮登記の抹消を求めました。これに対してYは，Xの契約解除の意思表示の効力およびXと国との間の売買契約の効力無効を訴え，本件土地の所有権確認を求める反訴を提起しました。

一審は，9条の解釈につき明確に「限定放棄説」をもって判決しました。つまり憲法は自衛の目的を達成する手段としての戦争まで放棄したものではないとして，自衛目的のための戦力保持を積極的に解釈しました。またYの主張する平和的生存権についても，その具体的権利性を有しないことを指摘し，さらに戦力などの法的判断は原則として裁判所の審査にそぐわないものであり，一見してきわめて明白に違憲無効であると認められない限り，司法審査の対象としてはなじまないという，所謂「統治行為論」を展開しました（水戸地判昭52・2・17）。

二審では，自衛隊に対する反社会的認識が確立されていないので，9条と自衛隊との関係につき直接的な判断を示さずに，原審の結論を支持しました。なお，国の私法上の行為について，民法90条「公序良俗」に違反していないことから，国が行った土地取得行為を有効と判断しました（東京高判昭56・7・7）。

最高裁判所でも，私人と対等の立場で行う国の行為は，国務に関するその他の行為に該当しないこと，9条は私法上の行為の効力を直接には規律しないこと，当時の契約が反社会的行為だとの社会認識は存在しないこと，などの判断が示されました。

(4) 砂川事件（最大判昭34・12・16刑集13巻13号3225頁）

昭和32年7月8日，日米行政協定の実施に伴う土地等の使用等に関する特別措置法および土地収用法により内閣総理大臣の使用認定を得て，東京調達局は米軍使用の立川飛行場内民有地の測量を開始した際に，これに反対する千余名の集団が境界柵外に集合し，その一部の者たちにより境界柵が数十メートルにわたって破壊されました。正当な理由なく立入禁止の境界から飛行場内に入ったとして，日米安保条約に基づく行政協定に伴う刑事特別法違反として起訴されました。本件では，日米安保条約は違憲審査の対象になり得るのか，駐留米軍は9条2項の禁ずる「戦力」に該当するのか，駐留米軍は合憲か，などの問題点が争われました。

一審では，駐留米軍は日本への武力攻撃に対応するためだけに存在するのではなく，明らかに戦略上必要がある場合には日本の区域外にも出動するのであり，したがって，日本と直接的には関係のない武力紛争にも日本が巻き込まれる危険性があること，その意味で違憲性の疑いがあり，さらに，駐留米軍の受入れは日米双方の合意であること，米軍への施設・区域の提供，費用の分担・協力という観点からすれば，日本が外部からの武力攻撃に対する自衛に使用するためにその駐留を許容しているのであり，指揮権や出動義務の有無に関係なく憲法が禁ずる「戦力の保持」に該当し，したがって，米軍を理由なく国民よりも厚く保護する刑事特別法は憲法に違反し無効である，と判決しました（東京地判昭34・3・30）。この判決に対し，検察側は飛躍上告を行いました。

　最高裁判所は，憲法９条は国家固有の権利としての自衛権および自国の平和と安全保持のために必要な自衛措置を否定しておらず，他国に安全保障を求めることも禁じていないこと。憲法が禁止する戦力とは「わが国がその主体となってこれに指揮権，管理権を行使し得る戦力をいうものであり，結局わが国自体の戦力を指し，外国の軍隊は，たとえそれがわが国に駐留するとしても，ここにいう戦力には該当しないこと。日米安保条約は，主権国家としてのわが国の存立の基礎に極めて重大な関係を持つ高度の政治性を有するものというべきであって，違憲・合憲の法的判断は，純司法的機能をその使命とする司法裁判所の審査には，原則としてなじまない性質のものであり，一見極めて明白に違憲無効であると認められない限り，裁判所の司法審査の範囲外のもの」と判断しました。いわゆる「政治的問題」とか「統治行為論」と呼ばれるものであり，以後に見られる同種の判決の基礎になりました。

10 ■ 象徴天皇制とは何か？

【関連条文】
第1条【天皇の地位・国民主権】 天皇は，日本国の象徴であり日本国民統合の象徴であつて，この地位は，主権の存する日本国民の総意に基く。
第2条【皇位の継承】 皇位は，世襲のものであつて，国会の議決した皇室典範の定めるところにより，これを継承する。
第3条【天皇の国事行為に対する内閣の助言と承認】 天皇の国事に関するすべての行為には，内閣の助言と承認を必要とし，内閣が，その責任を負ふ。
第4条【天皇の権能の限界，天皇の国事行為の委任】
① 天皇は，この憲法の定める国事に関する行為のみを行ひ，国政に関する権能を有しない。
② 天皇は，法律の定めるところにより，その国事に関する行為を委任することができる。

1 象徴とは何か

(1) 象徴の法的意義

1条は「天皇は日本の象徴であり日本国民統合の象徴であつて，」とうたっています。象徴とは，目に見えない抽象的・観念的存在を具象的な存在によって表現することを意味しています。たとえば，鳩が平和の象徴であるとか，十字架がキリスト教の象徴であるとかがそれです。したがって，1条の意味は，過去から現在および未来に向かって連綿と続く国家の姿が天皇の一身に凝縮されて表現されているから，その天皇を通して国民は日本国および日本国民の統合を感得できるという意味です。

では，なぜ天皇がそのような象徴と規定されたのでしょうか。それは，日本の長い歴史，伝統を通して，常に国民の精神的中核でありつづけた天皇こそが，国家・国民統合の象徴として最も相応しいと考えられたからにほかなりません。

1条の象徴の意義をどう解釈するかについては，消極的象徴論と積極的象徴

論とがあります。

　消極的象徴論とは，象徴の地位は，明治憲法の天皇の地位から統治権の総攬者の地位（旧憲法4条）を控除したものであって，それ自体は虚器であって，そこには法規範的意味はなく，象徴にすぎないと理解する見解です。

　しかし，およそ人が象徴であるということの意味は，モノが象徴であることとは根本的に異なっており，象徴たる人はそのように行動すべきであり，象徴される国家や国民は，象徴たる人に対してそれに相応しい処遇をすべきであるという規範的意味を内包しているものと理解すべきでしょう（積極的象徴論）。こうした理解は，単なる解釈論のレベルにとどまらず，現実にも，皇室典範において，敬称が定められており（同23条），また，摂政は不訴追とされている規定（同21条）になって表われています。

　昭和21年のいわゆる食糧メーデーで，天皇の名誉を誹謗するプラカードを掲げた被告人が，不敬罪に問われた「プラカード事件」で，東京高裁（東京高判昭22・6・28）は，「新憲法の下においても，天皇はなお一定の範囲の国事に関する行為を行い，とくに国の元首として外交上特殊の地位を有せられるのみならず，依然栄典を授与し，国政に関係なき儀式を行う等国家の一員としても一般人民とは全く異なった特別の地位と権能とが正当に保持されてこそはじめて日本国がその正常な存立と発展とを保護される」のであるから，天皇個人に対する誹謗行為は象徴の地位にひびを入らせる結果になるとして，被告人の行為は刑法の「不敬罪」に当たるとしましたが，大赦令により免訴を言い渡しました（最高裁は公訴権の消滅を理由に上告を棄却）。

　このような法律や判例の存在を考えると，象徴としての尊厳を維持するために，たとえば「象徴侮辱罪」を名誉毀損罪とは別に新設したとしても，政策的な当不当はあっても，憲法上は許されるものと解することができるでしょう。

　なお，明治憲法では，「天皇ハ神聖ニシテ侵スヘカラス」（3条）の規定により，一切の公的・私的責任を負わないとされていましたが，現憲法では，国事行為について無答責の規定しかなく（3条），それ以外の刑事および民事責任についてはどうなるのかが問題になります。前者の刑事責任については，天皇

の地位は国家権威の象徴であって，国家がみずからの権威を否定することは背理であって，象徴の地位はおよそ刑事責任とは相容れないと考えるほかないでしょう。先にあげた皇室典範21条が摂政の不訴追を規定していますが，これからも天皇の刑事免責を類推することができます。

　後者の民事責任についてはどうでしょうか。従来からこの点については，民事責任が及ぶとする見解と及ばないとする見解とが存在しています。

　民事責任が及ぶとすると，天皇も被告適格を有し，証人となる義務が発生することになりますが，そのようなことが天皇の象徴的地位と相容れるものかが疑問になります。昭和天皇の病気平癒のための記帳所を千葉県が公金を支出して設置したことが，不当利得に当たるとして訴えが起こされた事件で，最高裁は，「天皇は日本国の象徴であり，日本国民統合の象徴であることにかんがみ，天皇には民事裁判権が及ばないものと解するのが相当である」と判示しました（最判平元・11・20民集43巻10号1160頁）。民事責任と民事裁判権とは，本来異なったものですが，民事裁判権が及ばない結果，結局，民事責任も及ばないということになるでしょう。

(2) 象徴の機能

　象徴機能は，君主の基本的属性の1つですが，君主権限が形式化していく中にあって，象徴機能は最も重要な機能の1つと考えることができるでしょう。

　そこでまず，天皇が君主か否かが問題になります。伝統的な君主論によりますと，君主はその地位が世襲の独任機関であって，統治権の重要部分（とくに，行政権）を掌握し，対外的代表権，国家的象徴性を有するものとされています。この基準に照らせば，天皇は，行政権を掌握しておらず，対外的代表権もはっきりしていないことより，君主ではないという説もありますが，君主権限がその実質面から，国家の尊厳面・栄誉面へ移行していることを考えますと，天皇はその地位が世襲であり，国家統治についても部分的ながらも重要な権能があり，対外的代表の性格も不十分ながら保有しており，国家の象徴性も保有していることなどの点で，天皇も君主とする見解が相当と思われます。また，天皇は元首かについても議論がありますが，これも元首概念をどう理解するかにか

かわります。元首を対内的には行政権を掌握し，対外的には国家を代表する者と理解した場合には，天皇は元首にはあてはまらないとの見解も有力です。

しかし，今日では元首をもって対外的に国家を代表するものと捉える見解が一般的になっていますので，これに従えば，全権委任状・大使公使の信任状の認証，批准書その他の外交文書の認証，外国の大使・公使の接受などの対外的代表の権能が不十分ながらも天皇に備わっていますので，天皇を元首と考えることもできます。なお，外交慣例上は天皇は元首として処遇されています。

このように天皇を君主（さらには元首）と考えますと，そこから国家統合および永続性の象徴機能ならびに尊厳的機能が演繹できます。この点，スペイン憲法は，「国王は，国家元首であり，国の統一および永続性の象徴である。」（56条）として，このことを明文で定めています。エドモンド・バークが，国家というものは現在，過去，未来の人びととの間の提携関係であるから，一時的な利益のために形成されたり，党派のきまぐれによって解体させられてはならないとし，そうした国家の安定性・永続性を保証するものが「世襲による王位継承」であり，それは彼らの自由の保証であると述べたのは有名です。わが国の1条の象徴という言葉の持つ意義も，わが国の歴史・伝統の深層に根を下ろしている天皇という存在を国家，国民統合の象徴とすることによって，国家の統合（安定性）および永続性を保証するところにあると解することができるでしょう。

また，ウォルター・バジョットは，国家制度を尊厳的部分と実践的部分に二分し，英国の国家構造の美点はこの両者を兼ね備えていることにあると述べたこともよく知られていますが，尊厳的部分には伝統的な世襲の君主を当て，これにより，権威と権力の結合による独裁権力の出現を防止し，君主に世俗的権力と一線を画する形で，国家の威厳を象徴させることは，これまた君主以外のよくなしうるところではありません。この点でも，天皇は尊厳的部分を象徴するのに最も相応しい存在といえるでしょう。

2 天皇の権能

(1) 国事行為と国政に関する権能

　憲法は「天皇は，この憲法の定める国事に関する行為のみを行ひ，国政に関する権能を有しない」(4条1項) と定めています。国事に関する行為と国政とは一体どう違うのでしょうか。国事行為として列挙されている6条・7条はいずれも重要な国政に関する行為なので両者の区別が問題になります。マッカーサー草案では，国政に関する権能は「powers related to government」となっていますので，正確には，「政務に関する権力」すなわち，実質的な政治権力という意味に理解すべきものでしょう。したがって，4条1項の意味は，天皇は国民統合の象徴として，重要な政治的権能を有していますが，権力的権能としては，6条・7条の名目的，形式的なものに限定され，実質的な政治権力は有しないということです。もっとも，国事行為の中には，権力的権能に該当する事項も含まれていますので，「内閣の助言と承認」が必要とされる訳です。国事行為は，それが形式的・名目的なものであっても，それが天皇により行われなければ，無効であることはいうまでもありません。

(2) 国事行為の種類

　6条・7条に定める国事行為は，以下のとおりです。

(a) 内閣総理大臣の任命 (6条1項)　天皇は国会の指名にもとづいて内閣総理大臣を任命します。伝統的な君主権能の最も代表的なものです。

(b) 最高裁判所長官の任命 (6条2項)　天皇は内閣の指名にもとづき，最高裁判所の長たる裁判官を任命します。三権の1つである司法権の長を天皇が任命するところに意味があります。

(c) 憲法改正・法律・政令および条約の公布 (7条2項)　公布とは，国会等で成立した法令を国民に知らせる行為であって，官報に掲載する方法で行われます。公布により初めて法令としての効力を有します。

(d) 国会の召集 (7条2号)　召集とは，会期毎に期日と場所を決めて，議員を呼び集めることをいいます。常会，臨時会，特別会はいずれも召集によ

り活動が開始します。

　(e) 衆議院の解散（7条3号）　解散とは任期満了前に議員としての資格を失わしめる行為をいいます。参議院には解散はありませんが，衆議院の解散と同時に閉会になります。衆議院の解散の根拠については，7条解散説，65条解散説，69条解散説がありますが，実務では解散原因が限定されない7条解散説にもとづいて解散が行われています。

　(f) 総選挙の施行の公示（7条4号）　国会議員の総選挙とは，衆議院議員については，任期満了および解散による総選挙を意味しますが，参議院議員については半数改選の通常選挙をいいます。総選挙の施行の公示とは，総選挙を行うことおよびその期日を決めて国民一般に知らせることです。

　(g) 国務大臣等その他の官吏の任免ならびに全権委任状および大使・公使の信任状の認証（7条5号）　認証とは，ある行為または文書の真正であることを公に確認し，証明する行為をいいます。認証方法は，公文書に天皇が親書することによって行われます。認証官としては，国務大臣をはじめ，最高裁判所判事，高等裁判所長官，検事総長，次長検事，検事正，宮内庁長官，侍従長，公正取引委員会委員長などがそれに該当します。

　なお，認証がなくても行為は有効であるとの説もありますが，憲法が認証を要求している以上，認証が形式的行為とはいえ，それを経ない行為は無効と解するほかないでしょう。

　(h) 恩赦の認証（7条6号）　大赦，特赦，減刑，刑の執行の免除および復権を総称して恩赦と呼びます。恩赦とは，犯罪者に対して訴訟法の手続を経ずに，行政権が特定の罪の公訴権を消滅させたり，裁判所による刑の言渡しの効力の全部または一部を失効させることをいいます。権力分立の例外です。

　(i) 栄典の授与（7条7号）　栄典とは，国家・社会に功労のあった人の栄誉を表彰するために与えられる位階，勲章をいいます。14条3項との関係で，これらの栄典はその人一代限りのものとされています。

　(j) 批准書等の外交文書の認証（7条8号）　批准書とは，条約締結権者またはその権限を委任された者が締結した外交文書に最終的な同意を与えて，

これを確定する国家の意思を表示した文書のことをいいます。批准書は内閣が発給しますが、認証はこの文書を公に確認する行為です。

　(k) 外国の大使・公使の接受（7条9号）　接受とは、外国の大使・公使からの信任状の奉呈を受け、接見する外交儀礼行為をいいます。外国からの信任状はすべて天皇宛に奉呈されています。

　(l) 儀式の挙行（7条10号）　ここでいう儀式とは、天皇が主宰し執行する国家的性格の儀式のことをいいます。即位の礼や大葬の礼がこれに当たります。

　以上の国事行為のうち、栄典の授与、外国の大使・公使の接受、儀式の挙行は、本来の儀礼的行為といえます。それ以外は重要な国政に関する行為といえるでしょう。

　なお、上記のうち、国務大臣の任免や全権委任状・信任状の発布、恩赦、外交文書の締結は立憲君主国では、本来君主の権限とされているのが一般的ですが、わが国ではこれらは内閣の権限とされていますので、天皇の権能は他の立憲君主国のそれと比較して相当制限されたものになっていることが指摘できます。

(3) 内閣の助言と承認

　3条は「天皇の国事に関するすべての行為には、内閣の助言と承認を必要とし、内閣がその責任を負ふ」と規定しています。助言とは、内閣の能動的な進言であり、承認とは内閣の受動的な同意のことを意味します。国事行為に内閣の助言と承認が必要な理由は、それにより、天皇は政治責任を負わず（無答責）、内閣が責任を負うためです。内閣の責任とは天皇に代わって責任を負うことではなく、助言と承認に対する自己責任であって、国会に対して責任を負うということになります。なお、助言と承認は両方は必要ではなく、いずれか一方で足りると一般には解されています。

(4) 公的行為

　天皇の行為としては、上記の国事行為以外には、純粋な私的行為があります。たとえば、学問的な研究、大相撲の観戦、旅行などがそれです。では、こうし

た純粋な私的行為以外にはそれ以外の行為は認められないのでしょうか。実際には，国会の開会式や戦没者追悼式での「おことば」，外国への親善旅行（いわゆる「皇室外交」），園遊会，全国植樹祭などへの出席などは，国事行為ではないことは明瞭ですが，かといって純粋な私的行為でもありません。これらの行為は，天皇の象徴としての地位にもとづく公的行為と呼ばれるものです。学説的には，公的行為を一切認めない考えもありますが（国事・私的行為の二行為説）が，多数説は，論拠は異なりますが（象徴行為説，公人行為説），いずれも公的行為を認めています（国事行為・私的行為・公的行為の三行為説）。

もっとも，これらの行為が国政に関与するものであってはなりません。

3 君主制の沿革と現状

(1) 君主制の沿革

君主制とは，一般には，その地位が通常世襲によって承継される特定の人物が，対外的には国家を代表し，対内的には国政の重要部分を担うところの統治形態ということができます。古代以来，近世に至るまで，君主制は主要な統治形態であり続けてきました。

しかし，1789年のフランス革命による絶対王政の転覆を契機として，革命の理念は全欧州に広がり，これに危機感を抱いた君主制諸国は反ナポレオン同盟を結成するに至ったほどです。その後，1914年にボスニアのサラエボで起こったオーストリアの皇太子の暗殺事件を発火点として，第一次世界大戦が勃発しますが，その結果多くの君主国が崩壊するに至りました。

まず，ロシアでは戦争中の1917年に革命が起こり，ロマノフ王朝が崩壊し，またドイツおよびオーストリアでは敗戦の責任により君主制が廃止され，これらの大国により支配されていた地域では相次いで共和国が誕生しました。さらに，ドイツと同盟を結んでいたトルコでは，ケマル・パシャによりスルタン制（皇帝制）が廃止され，共和国となりました。このように，戦争が王政を滅ぼすという傾向は，第二次世界大戦後にも引き継がれ，イタリアでは1946年に国

民投票により君主制は廃止され，枢軸国側にたったハンガリー，ルーマニア，ブルガリアでも相次いで君主制は廃止されました。旧ユーゴスラビアでも1945年に王政は廃止されました。

こうした傾向はその後もつづき，植民地支配から解放されたアジア，アフリカ諸国では共和制を採用し，旧来から君主制を採用している中近東でも，相次いで革命やクーデターが勃発し，それにより，エジプトでは1953年，イラクでは1958年，リビアでは1969年，ギリシャでは1973年，エチオピアでは1975年，イランでは1979年に王政は廃止されました。

これに対して，第二次世界大戦後，君主制が復活したのは1975年のスペインおよび1993年のカンボジアの2ヵ国のみです。この結果，現在君主制が採用されている国は以下の通りです。

アジア（7ヵ国）	日本，ブルネイ，カンボジア，マレーシア，タイ，ブータン，ネパール
アフリカ（3ヵ国）	スワジランド，レソト，モロッコ
ヨーロッパ（10ヵ国）	スウェーデン，ノルウェー，英国，デンマーク，オランダ，ベルギー，ルクセンブルグ，リヒテンシュタイン，モナコ，スペイン
中近東（7ヵ国）	アラブ首長国連邦，オマーン，カタール，クウェート，サウジアラビア，バーレーン，ヨルダン
オセアニア（2ヵ国）	トンガ，西サモア

イギリス連邦加盟国16ヵ国を除くと，全部で29ヵ国になります。

第一次世界大戦前には，大半の国が君主制であったことを考えますと，君主制はわずか半世紀ほどで激減したことになります。このことは，民衆の政治参加という20世紀の疾風怒濤の潮流の前には，牢固として根を張った君主制しか生き残らなかったということを何よりも雄弁に物語っている，といってよいでしょう。

(2) 君主制の形態

　イェリネックの分類に従って，国権発動の形式から見て，君主制の形態を検討してみましょう。

　(i) 専制君主制

　君主のみを直接的な国家機関として有し，それ以外の独立機関を有しない国家制度をいいます。国家統治に必要な行政・司法・立法機関などは，すべて君主に従属する機関であって，君主の意思が唯一絶対です。これは最も純粋な君主制度です。

　近世ヨーロッパはこの形態から発展しましたが，フランス革命を契機として，大半の国家は立憲君主制に移行しました。典型的な絶対君主といわれたエチオピアのハイレ・セラシエ1世は，1975年のクーデターにより失脚しました。現在でも，この専制君主制を採用している主な国は，サウジアラビア，オマーン，ブータンです。

　(ii) 制限的君主制

　これは，国が君主以外の独立した国家機関を有し，この機関によって君主の専制的な権力行使を制限し，もって，立憲制度を維持しようとする制度です。この制度には，立憲君主制と議会主義的君主制の二種類があります。

　(a) 立憲君主制　これは，三権分立と国民参加の議会を有する立憲主義的憲法の下に，君主が，名実共に統治権を有し，立法に対して拒否権，緊急勅令の発布権，大臣の任免権といった大権を保有し，「君主は君臨し，かつ，統治する」制度であって，ヨーロッパでは，専制君主制が否定された後に一般的に採用されました。

　しかし，この立憲君主制は，君主の直接統治が失敗した場合や，敗戦を招いた場合には，君主自身がその政治的責任と問われることから，2度の大戦を経て，相次いで廃止されました。現在では中近東の君主国がこの制度を採用しています。

　(b) 議会主義的君主制　この制度は，憲法上の君主の権限規定にもかかわらず，君主権限が名目化し，いわゆる「君主は君臨するが，統治しない」制度

です。この制度は1688年の英国の名誉革命を嚆矢とし，現在多くの君主国はこの制度を採用しています。その理由は，この制度の下では君主が実質的な政治的決定を行わず，実権は内閣に帰属するために，国政の責任を問われることがなく，それにより民主制と合致できるからです。

以上の君主制の制度的分類から分かることは，専制君主制は当然のこと，君主が国権を握る立憲君主制も大衆民主主義の時代に生き残ることは困難になっており，今後とも安定的に存続できるのは，議会主義的君主制をおいては他にありえないということです。

つまり，大衆支配の時代にあっては，君主制は権力的役割ではなく，既述の国家統合と国民の一体化という紐帯的役割に存立の基盤を求めることによって存続が可能でしょう。

4　象徴天皇制の問題

既に見ましたように，象徴的機能は，君主の属性である以上，君主機能をまったく持たない象徴的機能は，無機物たる国旗や国歌にしか想定できません。したがって，天皇が象徴とされる以上，その背後には君主に相応しい権限が準備されていなければなりません。そうでなければ，国家や国民統合の役割を十分に果たすことができないでしょう。ヨーロッパの国王が国家の統合的機能を十分に果たすことができるのは，たとえ形式的にせよ国家元首としての大権を保有しているからです。

しかし，わが憲法では，少し触れましたが，西洋君主に一般的である条約締結権もなく大使・公使の任免権もありません。対内的にも，法律の裁可権や大臣の任免権，恩赦権もありません。このような状態で天皇は憲法の期待するような象徴的機能を十分に発揮することができるのでしょうか。天皇の章の起草者の一人であったリチャード・A・プールは「象徴」という言葉でもって，天皇に「意義ある地位」を与えることであったと述べていますが，その試みが十分に成功したとは思われません。天皇から形式的にせよ政務に関する権能を奪

いながら，なお象徴的役割を期待することは矛盾ではないでしょうか。

立憲君主制憲法における国王の権限

		対内的権限					対外的権限			
		法律の裁可	大臣の任免	恩赦権	軍隊の指揮権	身体の不可侵	元首	条約締結権	外交使節の任命	宣戦講和権
イギリス		○	○	○	○	○	○	○	○	○
スペイン		○	○	○	○	○	○	○	○	○
タイ		○	○	○	○	○	○	○	○	○
デンマーク		○	○	○	○	○	○	○	○	○
ノルウェー		○	○	○	○	○	○	○	○	○
ベルギー		○	○	○	○	○	○	○	○	○
日本	明治憲法	○	○	○	○	○	○	○	○	○
	日本国憲法	×　国会の議決により成立	△　内閣総理大臣の任命のみ	×　内閣の権限	明文規定なし　自衛隊法により総理大臣の権限	明文規定なし　但し，皇室典範により摂政は不訴追	明文規定なし	×　内閣の権限	×　内閣の権限	明文規定なし

注　イギリスには成文憲法はなく，国王大権は憲法習律または法律により認められています。

11 ■ 国会の役割とは何なのか？

【関連条文】
第41条【国会の地位・立法権】 国会は，国権の最高機関であつて，国の唯一の立法機関である。
第43条【両議院の組織・代表】
① 両議院は，全国民を代表する選挙された議員でこれを組織する。
② 両議院の議員の定数は，法律でこれを定める。
第59条【法律案の議決，衆議院の優越】
① 法律案は，この憲法に特別の定のある場合を除いては，両議院で可決したとき法律となる。
② 衆議院で可決し，参議院でこれと異なつた議決をした法律案は，衆議院で出席議員の三分の二以上の多数で再び可決したときは，法律となる。
③ 前項の規定は，法律の定めるところにより，衆議院が，両議院の協議会を開くことを求めることを妨げない。
④ 参議院が，衆議院の可決した法律案を受け取つた後，国会休会中の期間を除いて六十日以内に，議決しないときは，衆議院は，参議院がその法律案を否決したものとみなすことができる。
第60条【衆議院の予算先議，予算議決に関する衆議院の優越】
① 予算は，さきに衆議院に提出しなければならない。
② 予算について，参議院で衆議院と異なつた議決をした場合に，法律の定めるところにより，両議院の協議会を開いても意見が一致しないとき，又は参議院が，衆議院の可決した予算を受け取つた後，国会休会中の期間を除いて三十日以内に，議決しないときは，衆議院の議決を国会の議決とする。

1 議会の役割

一般的に議会の役割ないし機能について概説すると，次のようになります。

(1) 立法機能

議会（国会）に期待される第一の役割（機能）は，わが国の国会が「唯一の立法機関」（41条）とされていることに示されているように，法律を制定すること（立法機能）です。確かに法律を広く解釈すれば，法は裁判所の判例に

よっても形成されますし，行政部も議会の制定した法律を補う規則を制定する機能を持っています。しかし，違反者に対する罰則を備えた措置や，国庫の支出を必要とするような措置は，議会の制定した法律にもとづくとされるのが議会制の原則です。

(2) 代表機能

議会の第二の役割は，議会（国会）が選挙民（国民）によって選出された議員から構成されているというところからくる代表機能です。議会は，社会における諸利害の対立を調整し，重要な紛争を解決することが期待されていますが，それが現実に可能であるためには，社会と議会との間に何らかの対応関係があることが必要とされます。こうした結びつきをつくり出しているのが，議会の代表機能です。

(3) 行政部形成機能

第三の役割は，行政部を主導する首相を選任する行政部形成機能です。通例，議会の多数派の領袖が首相に選出され，首相が閣僚を任命しますが，閣僚の大半も多数派の議員から選ばれます。首相と閣僚は，行政部を組織・統率し，行政権の行使については議会に対して（連帯）責任を負います（議院内閣制，本書12「内閣の役割とは何なのか？」参照）。ただし，この機能は，議院内閣制の下での議会に限定されており，行政部の首長が直接公選で選ばれる大統領制下の議会には当てはまりません。

(4) 行政部統制機能

第四の役割は，行政部を統制する機能です。現代国家の政府組織の中で，国民の代表によって組織され，国民の統制が直接に及ぶ機関は議会だけです。行政部は統治権限を日常的に行使していますが，それにもかかわらず国民の統制が直接には及ばない位置にあります。そこで議会が，国民に代わって行政部を統制することが求められます。議会が予算の議決権を持っていることは，財政面を通じて行政部に統制を加えることを可能にします。さらに，国政調査権の行使，議院内閣制における不信任決議権の行使なども，議会が行政部を統制する手段に数えられてよいでしょう。

(5) 統合機能

第五の役割は，それが討論の府であることに求められます。さまざまな対立する利害や見解を統合して何らかの統一的な意思を決定する場合，理性的討論によって合意に達することができれば，それは最も望ましい方法であるといえましょう。議会には，こうした理性的討論によって，合意を形成する役割を果たすことが期待されています。この統合機能が，政治的な代表機関としての議会に期待される本来的な役割です。

わが国の国会にあっても，これらの機能・役割が期待されています。そこで，まず，国会の立法機能に関連する，41条の定める「国権の最高機関」「唯一の立法機関」としての国会について説明しましょう。

2 国権の最高機関

(1) 国会の地位

41条は，国会が「国権の最高機関」であり，「国の唯一の立法機関」であると定めています。憲法が国会の地位をこのように定める前提には，国会が国民の代表機関である——43条1項は，両議院が「全国民を代表する選挙された議員」で組織されることを定めています——ということがあります。憲法の基本原理の1つとして国民主権が指摘されます（前文，1条）が，国会だけが"国民によって選挙される"議員で構成されるものです。憲法はこのような国会を国家統治構造の中心に据え，国政の場にあって（たてまえの上では）国会が主たる役割を演ずることを期待しているのです。

憲法は，41条以下64条までの24カ条にわたって，①国会の地位（制度），②国会議員の地位，③国会の権能，④国会の手続について定めています。41条の後段は，行政権に関する65条および司法権に関する76条1項と並んで，権力分立原理の下における立法権の帰属を示しています。

41条前段の「国権」とは，国家の統治権のことです。国会が「国権の最高機関」であるという規定は，前文に「権力は国民の代表者がこれを行使し」とあ

るのと照応します。しかしながら、国会が権力を行使するといっても、国会にすべての権力が集中しているわけではありません。行政権は内閣に属し（65条）、法律も裁判所によって違憲審査の対象とされています（81条）。また、衆議院が解散されることもあります（7条3号）。国会が最高機関だからといって、地方自治の本旨を侵してよいことにはなりません（92条）。最高機関とされても、実質は何もないに等しいように見えるほどです。

(2) 「最高機関」の意味
(i) 政治的美称説

「最高機関」について、政治的美称説と呼ばれる伝統的な有力説は、それに法的意味を認めません。つまり、「最高機関」にいう「最高」とは、法的には意思の独立性、終局性をいい、国会がその属性を欠くことは明らかであるとします。そうして、国会の最高機関性には法的意味はなく、国会が国民を代表しているというところから、国政上、最も重要性を認められることを意味するにとどまると説きます。

この説によれば、最高機関条項は、他の個別条文が国会に付与している諸権能を集約して国会の政治的機能として言及したというものにとどまり、権限付与規定ないし権限推定の根拠規定とされることはありません。もっともこの説も、「最高機関」が明治憲法下における天皇の最高の地位を否定するという消極的な法的意義を持っていることは否定しません。

ただ、この説は、「最高機関」にいう「最高」の意味を、主権者たる国民とか、統治権の総攬者というような、権力分立構造を越えたところに求めようとし、意味を広げすぎています。「最高機関」の意味は、権力分立と調和的に理解されなければなりません。

(ii) 総合調整監督説

最近の有力説は、「最高」という文言を「上下関係のなかでの指揮・命令」と捉えないで、並列的関係のなかでの調整・監視機能をいうとしています（総合調整監督説）。この説によれば、憲法改正発議権、国政調査権を与えられている国会が国政全般を配慮する立場にあることをもって、法的な意味を込めて

「最高機関」とされている，ということになります。このことは，権限所属が不明の場合は，最高機関にふさわしく国会に属しているものと推定されるという権限推定の根拠規定となることを意味します。この説に対しては，権限の所属は，まずはその権限の性格に着目して決定されるべきもので，「最高機関」を根拠とする一括推定は妥当ではないとする反論もあります。

3 国の唯一の立法機関

(1) 国会中心立法の原則

　立法機関とは，立法権を行使する国家機関という意味です。「唯一の」と強調するのは，国会が立法権を独占する趣旨を示すためです。立法権の独占という趣旨は，2つの方面から解釈され，「国会中心立法の原則」と「国会単独立法の原則」と名づけられたりしています。

　「国会中心立法」というのは，要するに，権力分立の原理を前提とした権限分配上の意味を説こうとするものです。立法とは，法律の制定を指すとされますが，その法律が何を表すかについては，①国民を拘束し，または国民に負担を課す新たな法規範，②国民の権利義務に関係なく，一般的・抽象的規範，③国民の権利義務にかかわる一般的法規範などの諸説に分かれています。いずれにしましても，こうした法規範を制定するのは，国会の独占的な権限だというのが，権限分配上の意味になります。「国会中心立法の原則」は，第一に，明治憲法8条・9条の下で見られたような，行政立法（法規命令）が禁止されることを含意します。日本国憲法の下では，法律の実施に必要な具体的細目を定める執行命令という法形式以外は認められません（73条6号）。また，独立命令，緊急命令の余地はありません。第二に，この原則は，命令への一般的・包括的委任を禁止することを含意します。この場合の「委任」とは，（民法上の契約概念ではなく）「ある国家機関が，自己の名において，その権能の全部または一部を他の機関に委譲する法行為」をいいます。

(2) 国会単独立法の原則

一方,「国会単独立法」とは,要するに,手続上,立法(法律制定)作用が国会の議決だけによって完成する(他の機関の関与を許さない)のを原則とするという点においては,異論はありません。59条が「法律案は……両議院で可決したとき法律となる」(1項)と定めるのも,その原則の帰結だとされます。

この原則との関係で問題になりうる事柄として,①天皇による法律の公布,②内閣の法律発案権,③地方特別法における住民投票があります。まず,この原則と天皇の公布との関係については,7条1号にいう天皇の国事行為は,法律の効力発生要件でもなく,施行要件でもないと解しますと,抵触問題は発生しません。法律の効力は,法律案が両議院で可決したとき法律となる(59条1項)とされている以上,議決の日に成立しています。施行に関しても,法律(附則)で定められるか,さもなければ,公布の日より起算して満20日をもって施行時期とされます(法令1条)。天皇による公布は,法律が有効に成立したことを外部に表示する宣示行為です。したがって,「国会単独立法の原則」に反しません。次に,内閣が法律発案権を持ちうるか否かについては議論がありますが,①発案は立法そのものではないこと,②法律案の成否の最終的権限は国会にあること,③発案権は73条1号にいう「国務を総理する」内閣権限に根拠すると解しうることから,「国会単独立法の原則」に反しないということができます。また,地方特別法に関する住民投票は,憲法自身が地方自治の本旨に配慮して定めた例外です。

(3) 立法の委任

立法の委任とは,立法部がその所管事項を定める権能を他の機関,とくに行政部に委ねることを指し,法律の委任ともいいます。現代国家においては不可避の現象といえますが,これを無制限に認めると,国会単独立法の原則と矛盾することになります。

憲法には,立法の委任を認める規定はありません。通説は,73条6号但書は「法律の委任」のありうることを当然の前提とするもので,立法の委任は憲法上容認されている,と解します。問題はその許される限度ということになり,

一般的には、国会を「唯一の立法機関」とした憲法の趣旨を損なうような広汎な委任は許されず、具体的・個別的な委任でなければならない、と説かれます。より詳しくいいますと、委任する事項において一般的で広汎にすぎるもの、または委任する基準において抽象的で曖昧にすぎるものは、41条の趣旨に反することになります。

現行法上、法律の委任を前提とした命令は多く（内閣法11条、国家行政組織法12条4項参照）、人事院のような行政委員会も、法律の委任にもとづく規則制定権を認められています（国家公務員法16条、独占禁止法76条等）。判例は、はやくから「包括的授権は許されない」が、「特定的、限定的なものであればよい」（最判昭27・5・13刑集6巻5号744頁）としています。

(4) 国会の権能

「国の唯一の立法機関」である国会の中心的な権能は、法律の議決権です（59条）。憲法上、国会は、法律の議決権のほかに、憲法改正発議権（96条）、内閣総理大臣指名権（67条）、条約承認権（61条・73条）、財政統制権（60条・83条〜86条・90条・91条）および弾劾裁判所設置権（64条）を有します。このような国会両院が一致して行使する「国会の権能」とは別に、各議院がそれぞれ単独で行う権能を「議院の権能」といいます。それには、①議院の自律権、つまり、議員の資格争訟の裁判権（55条）、議院規則制定権（58条2項）および議員懲罰権（同条同項）と、②国政調査権（62条）があります。

国政調査権の本質について、立法・財政その他の本来の国会ないし議院の権能とならぶ独立の権能であるのか、それとも、それを補充するための補助的な権能にとどまるのかについて従来から学説の対立があります。補助的権能説が通説といえますが、従来の両説の対立はあまり実益がないものとして、新たに、国民の「知る権利」にもとづいて「国政にかんする情報の収集と事実認定（ファクト・ファインディング）の作用」（奥平②）としての意義を強調する説があります。ただ、この説に立っても、その情報収集と事実認定が、本来の立法、財政等の権能と独立のものか補助的なものかという論点は残ることになります。

国会の権限

立法に関する権限	立法権	国の唯一の立法機関〔41条〕
	法律議決権	両院一致の議決で法律を制定〔59条〕
	条約承認権	内閣が条約を締結するときは，国会の承認が必要〔61条・73条〕
	憲法改正の発議権	憲法改正は，各議院の総議員の3分の2以上の賛成で発議し，国民投票でその承認を得る〔96条〕
財政に関する権限	財政処理	もともと財政処理は行政権の作用であるが，国会の議決が必要〔83条〕
	租税法律主義	租税の変更や新設は国会の議決が必要〔84条〕
	予算の議決	国の財政はすべて予算に組み，国会の審議・議決が必要〔60条・86条〕
	国費支出と国の債務負担の議決	国費の支出や国が債務を負担するときは，国会の議決が必要〔85条〕
	決算の審査	歳入出の決算を国会が審査〔90条〕
	財政状況の報告を受ける	内閣から，少なくとも年1回は財政状況の報告を受ける権限をもつ〔91条〕
一般国務に関する権限	弾劾裁判所の設置権	弾劾裁判所を設け，罷免の訴追を受けた裁判官の裁判を行う〔64条〕
	内閣総理大臣の指名権	国会議員の中から議決で指名〔67条〕
	内閣の信任・不信任	衆議院は内閣不信任の決議案可決や，信任の決議案否決ができる〔69条〕
各議院の個別の権限 国政調査権		国政に関する調査を行い，証人の出頭・証言・記録の提出を要求できる〔62条〕

(5) 二院制

　国会は，「衆議院及び参議院の両議院で」「構成」(42条)されます。いわゆるマッカーサー草案では，一院制の議会が構想されていましたが，日本側の強い要望を入れて，最終的には選挙による第二院をおく二院制が採用されました。

　憲法は，衆議院も参議院も，「全国民を代表する選挙された議員」(43条1項)で組織され，その選挙について「成年者による普通選挙を保障する」(15条3項)旨を定めるだけで，議員の定数(43条2項)，議員および選挙人の資格(44条)ならびに選挙に関する事項(47条)はすべて法律に委ねられています。

　衆議院議員の任期は4年ですが，衆議院解散の場合は，任期満了前に終了します(45条)。実際には，憲法施行から平成12年6月現在に至るまで，任期満

衆議院の優越

法律案の議決 〔59条〕	予算の 先議と議決 〔60条・86条〕	条約の承認 〔61条・73条〕	内閣総理大臣 の指名 〔67条〕	内閣の 信任・不信任 〔69条〕
①衆・参議院で異なった議決をした，もしくは，②衆議院が可決した法案を参議院で60日以内で議決しない ↓ 衆議院で出席議員の3分の2以上の多数で再可決	①衆・参議院で異なった議決をし，両院協議会でも不一致，②衆議院が可決した議案を参議院で30日以内に議決しない ＊衆議院は，予算を先に審議（先議権）	予算・条約と同様。ただし，参議院が10日以内に議決しない場合に衆議院の議決が国会の議決となる	内閣不信任議決可決（信任決議案の否決）は衆議院のみで行われ，参議院では内閣問責決議しかできない	
衆議院が再可決した法律案が成立	衆議院の議決が国会の議決となる			
	10日以内に衆議院が解散しないとき，内閣は総辞職			

了により総選挙が行われたのは1度（昭和51年12月）だけで，任期の終了は解散によるのが常態化しています。衆議院の定数は480人で，そのうち300人が小選挙区選出議員，180人が比例代表選出議員とされています（公職選挙法4条1項）。他方，参議院議員の任期は6年で，3年ごとに議員の半数が改選されます（46条）。衆議院と違って参議院は解散されることがありません。参議院の定数は252人で，そのうち100人が比例代表選出議員，152人が選挙区選出議員とされています（同法4条2項）。

憲法は，両院の関係について，衆議院の優越を定めています。衆議院だけに認められている権能として，内閣不信任決議（69条）および予算先議権（60条1項）があげられます。さらに，①法律案の議決，②予算の議決，③条約の承認および④内閣総理大臣の指名につき，議決価値における衆議院の優越を定めています。衆議院の優越については，次のような問題が指摘されています。すなわち，衆議院の先議権は，予算の場合に限って認められているだけで，法律や条約の承認に関する議決については，必ずしも衆議院が先議院になるとはかぎらないということです。もし，参議院が先議院になって否決したらどうなるでしょうか。衆議院は審議さえできなくなるとする見方もあります。さらに重

要なのは，衆議院が可決した法律案について，参議院がこれと異なった議決をした場合に，衆議院でこれを再可決するためには，出席議員の三分の二以上という難関を越えなければなりません。それは，実際には不可能に近いことです。このように，法律案の議決における衆議院の優越に関する憲法規定は，実際にはめったに起こることのない状況を想定しているため，現実性が乏しく，形骸化しているともいわれています。その結果，両院の"現実の関係"において，参議院は衆議院とほぼ対等に近い権限を行使しているという見方も生じています。

4　代表議会制

(1)　古典的代表議会制

　国会の代表機能・役割に関連する，代表議会制について説明します。43条1項は，両議院とも「全国民を代表する選挙された議員」で組織すると定め，前文が「権力は国民の代表者がこれを行使」するとしていることとあいまって，国会が国民の代表機関であることを示しています。別言すれば，憲法が代表議会制をとることを示しています。「全国民を代表する」議員とは，従来の通説的見解によれば，近代的意味における国民代表の観念を示すとされます。それは西洋・中世における等族会議（身分制議会）とその選出母体（僧侶・貴族・都市）との関係に見られた「強制委任の否定」の上に成り立つ観念です。つまり，強制委任関係の下では，議員は選出母体の利益代表であり，その行動については選出母体の指示に拘束されます。これに対して，近代的な「国民代表」の観念は，議員は（特定の選挙区から選出されるが），ひとたび選挙された以上は選挙民その他の特定の集団を代表するものではないこと，したがって，その指示に拘束されることなく自由・独立に行動するものであること，つまり「自由委任」を意味します。憲法には「自由委任」ないし「命令的委任の禁止」を正面から定めた条項はありませんが，43条1項の「代表」は，そのような禁止的規範意味を当然含んでいると解されます（樋口(陽)ほか）。この点に関しては，

異論があります。たとえば，地方特別法に関する住民投票（95条）や憲法改正の国民投票（96条）の制度を根拠にして，憲法の代表制は，一定の要件の下に，国民に立法作用その他の国政に直接介入する機会が保障された民主制，すなわち「半直接民主制」の系譜に属するとする（大石(眞)）見方があります。しかしながら，地方特別法は「特別法」であって「一般法」ではありませんし，憲法改正も通常の立法作用とは著しくその性質を異にします。立法・政策に対する国民投票や国民発案の制度が憲法に規定されていないわが国の代表制を，あえて「半直接民主制」と呼ぶことにどれだけの意味があるのかが，疑問視されています。

　こうして，憲法の採用する議会制は，これを自由委任の間接民主制を基調とした古典的・近代初期的代表議会制（純粋代表制）の枠組みとして位置づけるのが妥当といえます。

(2) 「政党」に対する沈黙

　憲法には「政党」に関する規定がありませんが，学説の多くは，今日的政党を素材にして，次のように述べて，政党の存在と機能を"積極的に"評価しています。

① 日本国憲法における国民主権の宣言，選挙による国民代表の議員の思想，議院内閣制の建前等をあげて，「憲法が政党の存在を当然のこととして容認していることは明らかである。いわば，トリーペルのいわゆる『承認・法制化』の段階にあるといいうるであろう」（丸山(健)）と結論づけています。

② 政党が現実に重要な機能を果たしていることが一般的に自覚されている背景において成立した日本国憲法が，政党抜きに議院内閣制を採用したとは考えられず，むしろ「八幡製鉄政治献金事件において最高裁判所も指摘するように，現代大衆社会において『国民の政治意思を形成する最も有力な媒体』として，かつ議会制民主主義の円滑な運営を支える存在として，憲法は『政党の存在を当然に予定している』……のみならず，さらにその積極的活動を期待していると解すべきであろう」（佐藤(幸)①）と説いて

います。

　たしかに，憲法の下での公職選挙法や政治資金規正法は，「政党」の活動を当てにした規定をおいており，「政党」は法律で承認されています。しかしながら，このような政党規定立法化は，憲法の規定にのっとって積極的に押し進められてきた，といえるでしょうか。この点に関し，憲法が（たてまえ上）古典的代表議会制を採用するとの立場に立てば，そこで予定されている「政党」とは"議員政党"を意味するものと把握されることになるでしょう。つまり，代表議会制の論理を崩すことのない，換言すれば，議員のたまたまの集まりにすぎない，議員の独立を害することのない「政党」を意味することになります。ですから，それは今日の政党国家における「大衆政党」とは異なるものです。もし「大衆政党」のようなものであれば，それは"積極的に"評価されるものとして捉えられるはずはない，ということになります。この立場からは，憲法が政党政治ひいては政党国家の現実に接して「政党」を否定できなかったまでで，憲法は，「政党」を"否定しないで黙認したにすぎない"と解すべきだとする（小林(昭)）見方が示されています。

COLUMN

日本国憲法に「政党」規定がないのはなぜ
　憲法が採用する議会制は，自由委任の間接民主制を基調とした古典的・近代初期的代表議会制で，現代の政党国家──「大衆政党」を基礎として成立する国家──"以前"に確立された代表議会制の論理にのっとっています。この古典的代表議会制が前提とする「政党」とは，政党国家的現実をもたらしている政党──議員政党（ルーズな議員集団に基礎をおく政党）から脱皮し，異質化している「大衆政党」──とは，本質的に異なるものです。憲法が政党に対して沈黙しているのは，憲法が"古い"代表議会制観を念頭においているからで，西洋近代憲法（原理）が，議会制の論理を崩すことのない政党（議員政党）に対して言及しなかったのと軌を一にするものです（野畑）。

(3) 行政国家における議会のあり方

議会は，統合機能，立法機能，代表機能，行政部形成機能，行政部統制機能など，複数の機能・役割を同時に果たしている点に特徴があります。こんにち，政治の現実は，いわゆる「行政国家」の段階にありますが，この段階において，議会のいくつかの機能——たとえば，統合機能や立法機能——は低下したといわれています。しかし，たとえば，議会の立法機能，とくにその形式的役割は，依然，重要とされています。別言すれば，議会の審議は，立法過程——有権者，政党，行政部官僚，利益集団などによって織りなされる複雑な過程——の最終段階に位置しており，議会の実質的役割は決定的であるとはいえないにしても，その形式的役割については，少なくとも議会が同意しないかぎり法案は法律になりえないのですから，依然として「決定的である」といわざるをえません。

このように，「行政国家」の段階にあっても，議会機能は重要で，かえって重要の度を増しているともいえます。ただし，議会は主体となって活動するというよりは，矯正や補完——監視や承認——の役割に転じているというのが実情です。

COLUMN

「行政国家」とはどのような国家

20世紀の現代国家において，国家が遂行すべき仕事の量が増大し，質的に複雑化しました。仕事における専門的知識・技能の必要性が増大しましたが，議会は本来的に素人集団であり，専門的知識・技能において行政部に劣ることは否定できません。議会がそのような課題に自主的に対処することが不可能となった結果，行政部（権）の拡大・強化が必然的な現象となりました。このような現代国家に共通する憲法現象をふまえて，国家の基本的な政策の形成・決定に際して，行政部（権）が優位に立つ国家を「行政国家」と呼んでいます。

11 国会の役割とは何なのか？　147

国会議員一人当りの年間経費

①	歳費（期末手当も含む）	23,977,000円
②	文書・通信・交通滞在費	12,000,000円
③	立法事務費	7,800,000円
④	議員会館管理等運営庁費（議員関係経費のみ）	3,405,000円
⑤	JRパス・航空券経費	1,482,000円
⑥	議員秘書手当（退職手当を含む）	31,748,000円
⑦	合　計	80,412,000円

注　①〜③は平成12年度の支給額。
　　④〜⑤は平成11年度の議員一人当たり当初予算額。
　　⑥は平成12年度の議員一人当たり当初予算額。

平成12年分政党交付金額

自由民主党	14,896,883,000円
民主党	6,965,052,000円
公明党	3,308,200,000円
自由党	2,800,848,000円
社会民主党	2,080,606,000円
無所属の会	227,482,000円
改革クラブ	468,962,000円
さきがけ	345,704,000円
政党自由連合	152,610,000円
第二院クラブ	146,212,000円

自治省・2000年4月3日

第42回衆議院選挙（2000年）での各党の当選形態

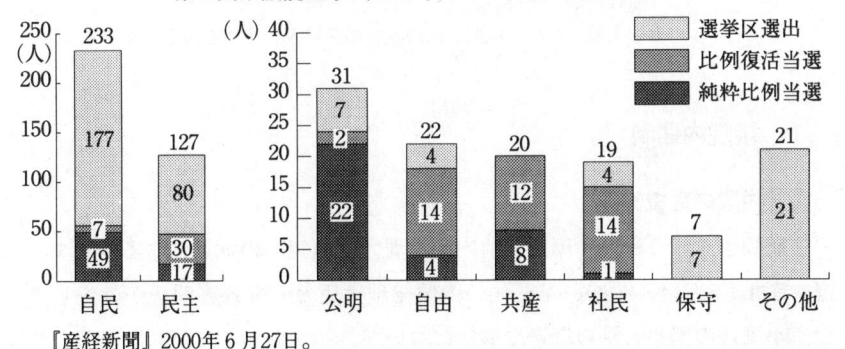

凡例：選挙区選出／比例復活当選／純粋比例当選

自民：233（選挙区177、比例復活7、純粋比例49）
民主：127（選挙区80、比例復活30、純粋比例17）
公明：31（選挙区7、比例復活2、純粋比例22）
自由：22（選挙区4、比例復活14、純粋比例4）
共産：20（選挙区12、純粋比例8）
社民：19（選挙区4、比例復活14、純粋比例1）
保守：7（選挙区7）
その他：21（純粋比例21）

『産経新聞』2000年6月27日。

12 ■ 内閣の役割とは何なのか？

【関連条文】
第65条【行政権】行政権は，内閣に属する。
第66条【内閣の組織，国会に対する連帯責任】
① 内閣は，法律の定めるところにより，その首長たる内閣総理大臣及びその他の国務大臣でこれを組織する。
② 内閣総理大臣その他の国務大臣は，文民でなければならない。
③ 内閣は，行政権の行使について，国民に対し連帯して責任を負ふ。
第69条【内閣不信任決議の効果】内閣は，衆議院で不信任の決議案を可決し，又は信任の決議案を否決したときは，十日以内に衆議院が解散されない限り，総辞職をしなければならない。
第72条【内閣総理大臣の職務】内閣総理大臣は，内閣を代表して議案を国会に提出し，一般国務及外交関係について国会に報告し，並びに行政各部を指揮監督する。
第73条【内閣の職務】内閣は，他の一般行政事務の外，左の事務を行ふ。
　一　法律を誠実に執行し，国務を総理すること。
　二　外交関係を処理すること。
　三　条約を締結すること。但し，事前に，時宜によつては事後に，国会の承認を経ることを必要とする。
　四　法律の定める基準に従ひ，官吏に関する事務を掌理すること。
　五　予算を作成して国会に提出すること。
　六　この憲法及び法律の規定を実施するために，政令を制定すること。但し，政令には，特にその法律の委任がある場合を除いては，罰則を設けることができない。
　七　大赦，特赦，減刑，刑の執行の免除及び復権を決定すること。

1　議院内閣制

(1)　内閣の危機管理

　平成12年4月5日，小渕恵三前内閣総理大臣の突然の病気による引退で（小渕前首相は5月14日死去），第85代の内閣総理大臣として森喜朗氏が就任しました。小渕氏の緊急入院の経過や病状について，国民に対して適切な説明が政府

からは行われませんでした。とくに小渕氏の病気発表が入院から22時間以上も経過して行われたこと，またその間の状況について，小渕氏が通常の状態であるかのようなカモフラージュがとられたことは（後の病院側の説明と内閣の説明との食い違いも批判されました），内閣の危機管理体制の欠如とともに情報公開の精神にも反するものとして，さまざまな批判と疑問が投げかけられました。とくに首相官邸における「首相不在」の32時間余について（その時間の中で，首相臨時代理が決められるまでの13時間は，首相権限の行使は完全に不可能な状況でした），もしそのときに阪神・淡路大震災のような大規模地震が大都市で発生していたら？　またオウム真理教のような無差別殺戮集団が行動を起こしていたら？　あるいは外国からの侵略を受けるような事態が発生していたら？　などさまざまな問題に対して，一体全体，誰がこれらの非常事態に対する指示や命令を出すことができたのでしょうか。今回の事態から，内閣そのものの危機管理体制の見直しが，緊急の課題として議論されました（『産経新聞』2000年4月4日）。

　ところで，私たちの生命・自由・財産をこのような災害や危機および外敵から守り，国民生活をより豊かにするための政治を行うのが内閣の使命です。そこで憲法は，この内閣および内閣総理大臣や各閣僚について，国民の代表機関である国会との関係を明示するとともに，その地位と権限を規定しています。内閣と国会との関係については，議院内閣制という観点からまず学習しましょう（11「国会の役割とは何なのか？」参照）。

(2) 議院内閣制の意義

　日本は，英国と同じく議院内閣制の国家といわれています。議院内閣制とは，権力分立の統治形態を前提に，とくに行政府（内閣）を立法府（議会）の信任に依存させ，その責任を負わせる制度のことです。この点は大統領制を採用するような米国とは，大きく異なります。たとえば，大統領と連邦議会との関係は分立されていて，大統領（政府）も議会もともに国民の選挙により選ばれます。したがって，大統領には議会の解散権が付与されていません。他方，議会にも大統領を不信任決議する権限が認められていません。

ところで、議院内閣制については、「均衡本質説」と「責任本質説」という2つの学説があります。前説は、権力分立と両者のチェック・アンド・バランスの緊張状態を前提として、行政府の存在を立法府の信任・不信任に依存させるという考え方です。議院内閣制の本質を、両者の均衡にあると考え、立法府に対する行政府の解散権保持の有無を強調します。他方、後説は行政府の存在を立法府の信任・不信任に依存させ、しかも行政府は立法府に対し連帯して責任を負うとする考え方です。つまり、この学説では行政府に責任を負わせ、行政府の解散権保持の有無よりも、国民の代表機関である立法府に行政府は完全に従属するものであるという点を強調します。つまり、議院内閣制が有する民主主義的側面の重視にある、といえるでしょう。両説には理解の相違がありますが、議院内閣制のどこに重点を置くかということから生じる相違といえるでしょう。

(3) 議院内閣制を示す憲法規定

では、この議院内閣制を示す具体的な憲法規定を見てみましょう。

(i) 国会に対する連帯責任

憲法は「内閣は、行政権の行使について、国会に対し連帯して責任を負ふ」(66条3項)と規定しています。内閣は、首長たる内閣総理大臣の統括の下で、国務各大臣が一致協力して行政権を行使します。国務各大臣は、自己の所管の行政権を行使し、その責任を負うとともに、また内閣が一体となって国会に対し責任を負うことになっています。

(ii) 内閣総理大臣の指名

憲法は「内閣総理大臣は、国会議員の中から国会の議決で、これを指名する」(67条1項)と定めています。行政府の長の指名権を国会が有しているという点で、議院内閣制の現れの1つと考えられます。

(iii) 国会議員という閣僚選任要件

憲法は「内閣総理大臣は、国務大臣を任命する。但し、その過半数は、国会議員の中から選ばれなければならない」(68条1項)と定めています。これを議院内閣制の観点から考えると、国務大臣(閣僚)の過半数は国会議員という

条件が予め総理大臣に付されていることです。もっとも学説としては，これが「閣僚選任要件」か「内閣構成要件」かで違いがありますが，それよりも総理大臣の国務大臣任命につき，過半数が国会議員という制約つきであることに意義があります。

(iv) 内閣不信任決議

憲法は「内閣は，衆議院で不信任の決議案を可決し，又は信任の決議案を否決したときは，十日以内に衆議院が解散されない限り，総辞職をしなければならない」(69条)と定めています。国民の代表で構成される国会に対して，内閣は絶えずその信任を得なければなりません。ひとたび国会の信任を失うと，内閣は衆議院を解散するか，もしくは自ら総辞職するか，どちらかの選択を迫られます。

このように議院内閣制は，原理的に見ると「国会優位型の制度」ということができます。これは，巨大な行政権を一定の枠に入れ，権限を濫用されないようにするとともに，国民のための行政という考えにもとづいて，国民の代表である国会に対し内閣が責任を負うとしたところに意義があります。

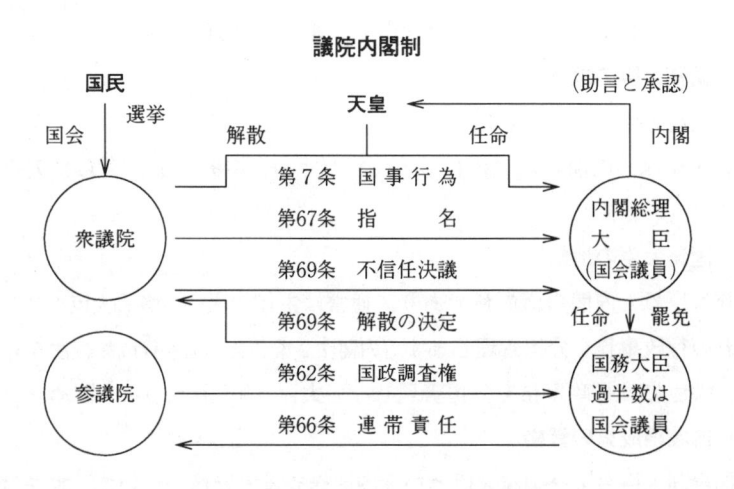

議院内閣制

```
                              (助言と承認)
  国民       天皇
    │選挙   解散    任命              内閣
国会│       第7条 国事行為
    ▼       ────────────────→  ┌─────┐
  衆議院    第67条 指名           │内閣総理│
  ○ ────────────────────────→  │ 大 臣 │
            第69条 不信任決議      │(国会議員)│
    ←────────────────────────  └─────┘
            第69条 解散の決定      任命 ▼ 罷免
  参議院    第62条 国政調査権      ┌─────┐
  ○ ────────────────────────→  │国務大臣│
            第66条 連帯責任        │過半数は│
    ←────────────────────────  │国会議員│
                                  └─────┘
```

2　内閣の構成

　憲法は「内閣は，法律の定めるところにより，その首長たる内閣総理大臣及びその他の国務大臣でこれを組織する」（66条1項）と規定しています。これにより，内閣は首長である内閣総理大臣と14名以内の国務大臣から（ただし，特別な場合には17名以内）構成される合議体ということができます（内閣法2条1項）。

(1)　内閣総理大臣の地位

(i)　内閣総理大臣の指名と任命

　内閣総理大臣は，国会議員の中から国会の議決で指名され（67条1項），これに基づき天皇が任命します（6条1項）。

(ii)　内閣総理大臣の地位

　総理大臣には，首長たる地位が認められています。首長とは，内閣中では他の国務大臣の上位に位置し，対外的には内閣を代表すること（72条）を意味します。「同輩中の首席」であった明治憲法での総理大臣と異なり，今日の総理大臣は内閣の「首長」であり，大きく異なっています。その他，総理大臣は総理府や各省の長にもなることができます（国家行政組織法5条）。

(2)　国務大臣の地位

(i)　国務大臣の任命と認証

　国務大臣は，内閣総理大臣によって任命され（68条1項），さらに天皇が認証します（7条5号）。

(ii)　国務大臣の地位

　国務大臣は，内閣の構成員であり，通常は主任の大臣（各省大臣）としてそれぞれの行政事務を分担管理します（内閣法2条3項，国家行政組織法5条1項）。なお，大臣には行政事務を分担管理しない大臣（無任所大臣）も認められます。

(3)　内閣構成員の資格

　内閣総理大臣および国務大臣という内閣構成員の資格について，憲法は次のような2つの条件を示しています。

12 内閣の役割とは何なのか？ 153

2001年1月からの新行政機構

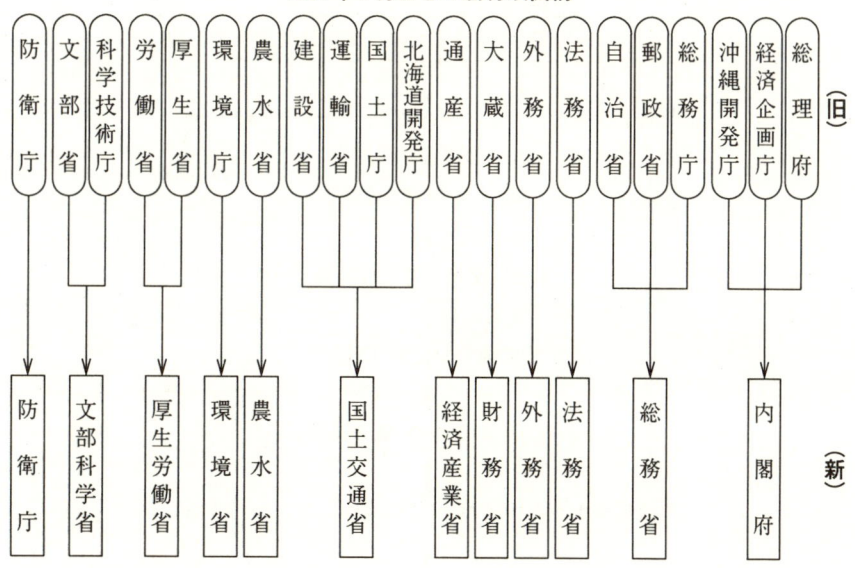

（旧）防衛庁／文部省／科学技術庁／労働省／厚生省／環境庁／農水省／建設省／運輸省／国土庁／北海道開発庁／通産省／大蔵省／外務省／法務省／自治省／郵政省／総務庁／沖縄開発庁／経済企画庁／総理府

（新）防衛庁／文部科学省／厚生労働省／環境省／農水省／国土交通省／経済産業省／財務省／外務省／法務省／総務省／内閣府

新省庁体制での内閣官房

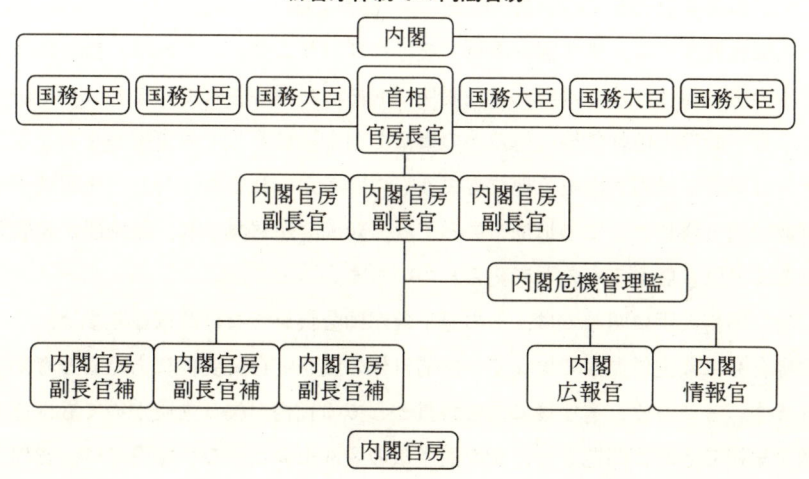

内閣 — 国務大臣／国務大臣／国務大臣／首相・官房長官／国務大臣／国務大臣／国務大臣

内閣官房副長官／内閣官房副長官／内閣官房副長官

内閣危機管理監

内閣官房副長官補／内閣官房副長官補／内閣官房副長官補　内閣広報官／内閣情報官

内閣官房

内閣の成立過程

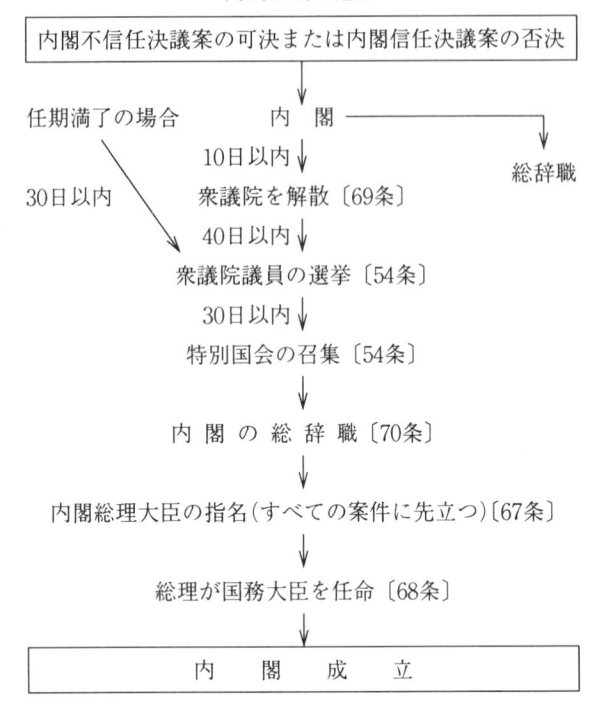

```
        内閣不信任決議案の可決または内閣信任決議案の否決
                           │
任期満了の場合      内閣 ──────────────┐
              10日以内 ↓              ↓
 30日以内      衆議院を解散〔69条〕    総辞職
        ↘    40日以内 ↓
          衆議院議員の選挙〔54条〕
              30日以内 ↓
          特別国会の召集〔54条〕
                  ↓
          内閣の総辞職〔70条〕
                  ↓
     内閣総理大臣の指名（すべての案件に先立つ）〔67条〕
                  ↓
         総理が国務大臣を任命〔68条〕
                  ↓
              内閣成立
```

(i) 国会議員としての資格（67条1項・68条1項）

　内閣総理大臣は，まず国会議員でなければなりません。これは，指名されるときの選任要件だけではなく在任要件でもあると理解されています。したがって，もし総理大臣就任後に何らかの事情で国会議員としての資格がなくなると，それは同時に総理大臣たる地位も失うものと考えられます。なお，任期満了や解散で国会議員としての地位を失っても，新国会が召集され，新内閣が組閣されるまでは在職するものと考えられています。

　次に国務大臣に関しては，その過半数が国会議員でなければなりません。この場合も単に選任要件ではなく，内閣自体の成立・存続要件にあたると考えられます。ところで，選任後に国会議員としての資格を失う大臣がいても，過半数を維持できれば問題なく，また過半数の要件を満たせない場合には，総理大

歴代内閣総理大臣一覧

歴代	氏 名	在職期間	在職日数	就任時年齢
1(1)	伊藤博文(第1次)	明治18.12.22－明治21.4.30	861	44歳
2(2)	黒田清隆	明治21.4.30－明治22.10.25	544	47歳
	三條實美(兼任)	明治22.10.25－明治22.12.24	内大臣 三條實美が内閣総理大臣兼任	
3(3)	山縣有朋(第1次)	明治22.12.24－明治24.5.6	499	51歳
4(4)	松方正義(第1次)	明治24.5.6－明治25.8.8	461	56歳
5	伊藤博文(第2次)	明治25.8.8－明治29.8.31	1,485	51歳
	黒田清隆(臨時兼任)	明治29.8.31－明治29.9.18	枢密院議長 黒田清隆が内閣総理大臣臨時兼任	
6	松方正義(第2次)	明治29.9.18－明治31.1.12	482	61歳
7	伊藤博文(第3次)	明治31.1.12－明治31.6.30	170	56歳
8(5)	大隈重信(第1次)	明治31.6.30－明治31.11.8	132	60歳
9	山縣有朋(第2次)	明治31.11.8－明治33.10.19	711	60歳
10	伊藤博文(第4次)	明治33.10.19－明治34.5.10	204	59歳
	西園寺公望(臨時兼任)	明治34.5.10－明治34.6.2	枢密院議長 西園寺公望が内閣総理大臣臨時兼任	
11(6)	桂 太郎(第1次)	明治34.6.2－明治39.1.7	1,681	53歳
12(7)	西園寺公望(第1次)	明治39.1.7－明治41.7.14	920	56歳
13	桂 太郎(第2次)	明治41.7.14－明治44.8.30	1,143	60歳
14(7)	西園寺公望(第2次)	明治44.8.30－大正元.12.21	480	61歳
15	桂 太郎(第3次)	大正元.12.21－大正2.2.20	62	65歳
16(8)	山本權兵衛(第1次)	大正2.2.20－大正3.4.16	421	60歳
17	大隈重信(第2次)	大正3.4.16－大正5.10.9	908	76歳
18(9)	寺内正毅	大正5.10.9－大正7.9.29	721	64歳
19(10)	原 敬	大正7.9.29－大正10.11.4	1,133	62歳
	内田康哉(臨時兼任)	大正10.11.4－大正10.11.13	外務大臣 内田康哉が内閣総理大臣臨時兼任	
20(11)	高橋是清	大正10.11.13－大正11.6.2	212	67歳
21(12)	加藤友三郎	大正11.6.12－大正12.8.24	440	61歳
	内田康哉(臨時兼任)	大正12.8.25－大正12.9.2	外務大臣 内田康哉が内閣総理大臣臨時兼任	
22	山本權兵衛(第2次)	大正12.9.2－大正13.1.7	128	70歳
23(13)	清浦奎吾	大正13.1.7－大正13.6.11	157	73歳
24(14)	加藤高明	大正13.6.11－大正15.1.28	597	64歳
	若槻禮次郎(臨時兼任)	大正15.1.28－大正15.1.30	内務大臣 若槻禮次郎が内閣総理大臣臨時兼任	
25(15)	若槻禮次郎(第1次)	大正15.1.30－昭和2.4.20	446	59歳
26(16)	田中義一	昭和2.4.20－昭和4.7.2	805	63歳
27(17)	濱口雄幸	昭和4.7.2－昭和6.4.14	652	59歳
28	若槻禮次郎(第2次)	昭和6.4.14－昭和6.12.13	244	65歳
29(18)	犬養 毅	昭和6.12.13－昭和7.5.16	156	76歳
	高橋是清(臨時兼任)	昭和7.5.16－昭和7.5.26	大蔵大臣 高橋是清が内閣総理大臣臨時兼任	
30(19)	齋藤 實	昭和7.5.26－昭和9.7.8	774	73歳
31(20)	岡田啓介	昭和9.7.8－昭和11.3.9	611	66歳
32(21)	廣田弘毅	昭和11.3.9－昭和12.2.2	331	58歳
33(22)	林 銑十郎	昭和12.2.2－昭和12.6.4	123	60歳
34(23)	近衞文麿(第1次)	昭和12.6.4－昭和14.1.5	581	45歳
35(24)	平沼騏一郎	昭和14.1.5－昭和14.8.30	238	71歳
36(25)	阿部信行	昭和14.8.30－昭和15.1.16	140	63歳
37(26)	米内光政	昭和15.1.16－昭和15.7.22	189	59歳

歴代	氏 名	在職期間	在職日数	就任時年齢
38	近衞文麿(第2次)	昭和15.7.22－昭和16.7.18	362	48歳
39	近衞文麿(第3次)	昭和16.7.18－昭和16.10.18	93	49歳
40(27)	東條英機	昭和16.10.18－昭和19.7.22	1,009	57歳
41(28)	小磯國昭	昭和19.7.22－昭和20.4.7	260	64歳
42(29)	鈴木貫太郎	昭和20.4.7－昭和20.8.17	133	77歳
43(30)	東久邇宮稔彦王	昭和20.8.17－昭和20.10.9	54	57歳
44(31)	幣原喜重郎	昭和20.10.9－昭和21.5.22	226	73歳
45(32)	吉田 茂(第1次)	昭和21.5.22－昭和22.5.24	368	67歳
46(33)	片山 哲	昭和22.5.24－昭和23.3.10	292	59歳
47(34)	芦田 均	昭和23.3.10－昭和23.10.15	220	60歳
48	吉田 茂(第2次)	昭和23.10.15－昭和24.2.16	125	70歳
49	吉田 茂(第3次)	昭和24.2.16－昭和27.10.30	1,355	70歳
50	吉田 茂(第4次)	昭和27.10.30－昭和28.5.21	204	74歳
51	吉田 茂(第5次)	昭和28.5.21－昭和29.12.10	569	74歳
52(35)	鳩山一郎(第1次)	昭和29.12.10－昭和30.3.19	100	71歳
53	鳩山一郎(第2次)	昭和30.3.19－昭和30.11.22	249	72歳
54	鳩山一郎(第3次)	昭和30.11.22－昭和31.12.23	398	72歳
55(36)	石橋湛山	昭和31.12.23－昭和32.2.25	65	72歳
56(37)	岸 信介(第1次)	昭和32.2.25－昭和33.6.12	473	60歳
57	岸 信介(第2次)	昭和33.6.12－昭和35.7.19	769	61歳
58(38)	池田勇人(第1次)	昭和35.7.19－昭和35.12.8	143	60歳
59	池田勇人(第2次)	昭和35.12.8－昭和38.12.9	1,097	61歳
60	池田勇人(第3次)	昭和38.12.9－昭和39.11.9	337	64歳
61(39)	佐藤榮作(第1次)	昭和39.11.9－昭和42.2.17	831	63歳
62	佐藤榮作(第2次)	昭和42.2.17－昭和45.1.14	1,063	65歳
63	佐藤榮作(第3次)	昭和45.1.14－昭和47.7.7	906	68歳
64(40)	田中角榮(第1次)	昭和47.7.7－昭和47.12.22	169	54歳
65	田中角榮(第2次)	昭和47.12.22－昭和49.12.9	718	54歳
66(41)	三木武夫	昭和49.12.9－昭和51.12.24	747	67歳
67(42)	福田赳夫	昭和51.12.24－昭和53.12.7	714	71歳
68(43)	大平正芳(第1次)	昭和53.12.7－昭和54.11.9	338	68歳
69	大平正芳(第2次)	昭和54.11.9－昭和55.6.12	217	69歳
	伊東正義(臨時代理)	昭和55.6.12－昭和55.7.17	内閣官房長官 伊東正義が内閣総理大臣臨時代理	
70(44)	鈴木善幸	昭和55.7.17－昭和57.11.27	864	69歳
71(45)	中曽根康弘(第1次)	昭和57.11.27－昭和58.12.27	396	64歳
72	中曽根康弘(第2次)	昭和58.12.27－昭和61.7.22	939	65歳
73	中曽根康弘(第3次)	昭和61.7.22－昭和62.11.6	473	68歳
74(46)	竹下 登	昭和62.11.6－平成元.6.3	576	63歳
75(47)	宇野宗佑	平成元.6.3－平成元.8.10	69	66歳
76(48)	海部俊樹(第1次)	平成元.8.10－平成2.2.28	203	58歳
77	海部俊樹(第2次)	平成2.2.28－平成3.11.5	616	59歳
78(49)	宮澤喜一	平成3.11.5－平成5.8.9	644	72歳
79(50)	細川護熙	平成5.8.9－平成6.4.28	263	55歳
80(51)	羽田 孜	平成6.4.28－平成6.6.30	64	58歳
81(52)	村山富市	平成6.6.30－平成8.1.11	561	70歳
82(53)	橋本龍太郎(第1次)	平成8.1.11－平成8.11.7	302	58歳
83	橋本龍太郎(第2次)	平成8.11.7－平成10.7.30	631	59歳
84(54)	小渕恵三	平成10.7.30－平成12.4.5	616	61歳
85(55)	森 喜朗(第1次)	平成12.4.5－平成12.7.4	91	62歳
	森 喜朗(第2次)	平成12.7.4－		

備考 1：歴代の欄中（ ）内の数字は，内閣を組織した者を順次数えたものである。
2：内閣総理大臣の在職期間中に臨時代理等に指定された者の掲載は省略した。
3：数次にわたり連続して就任した内閣総理大臣の在職通算日数は，個々の内閣の終わりの日と始めの日が重なるため，それぞれの在職日数の合計より少なくなる。

臣にすみやかな対応が求められます。

(ⅱ) 文民としての資格

憲法は「内閣総理大臣その他の国務大臣は，文民でなければならない」(66条2項) と規定しています。ここで問題となるのは，文民（シビリアン）の意味についてです。この意味については，幾つかの学説をあげることができます。たとえば，①過去において職業軍人の経歴のない者とする説，②過去において職業軍人の経歴を有していても，強い軍国主義思想を持たない者とする説，③現在において職業上の自衛官の地位にない者とする説などです。多数説は①の考え方を支持していますが，少し厳格すぎると思われます。また米国などのシビリアンの意味からすれば，③の考えが妥当のように思われます。

ところで，この条文は，9条の自衛隊の合憲性問題とも深く関わっていて，憲法制定時においても，俗に「芦田修正」と呼ばれる文言が挿入されると，連合軍総司令部が強行にこの条文の追加を求めたという，何かといわくつきの規定です（9「平和主義は理想にすぎないか？」参照）。

3　内閣の権限

(1) 行政権の意味

憲法は「行政権は，内閣に属する」(65条) と規定しています。国家三権（立法・司法および行政）のうちの1つの権限が内閣にあることを明示しています。しかしながらこの行政権そのものの意義は一体何なのでしょうか。この点に関して，「行政控除説」と「積極説」という2つの学説があります。前説は，行政とは国家の作用から立法と司法を除いたその他の作用を意味する，というものです。これに対して後説は，行政とは法の規制を受けながら，国家目的の積極的実現を目指して現実に行われる統一性のある継続的な国家活動である，といいます。

なお，行政権が内閣に属するということは，きわめて広範な行政事務すべてを内閣が行うというものではありません。行政事務の多くは，行政各部でそれ

ぞれに行われますが、ただし行政上の最終的な責任を内閣が負う、という意味です。

(2) 最高の行政機関

内閣は行政権の最高機関であり、中枢機関であることから、内閣の下に多数の行政機関の存在が認められます。しかもそれらの行政機関は、内閣によって統括されるものです。憲法がみずから認める例外を除いては、内閣の外にあって、まったく独立した行政機関を設けることはできません。そこで問題となるのが、国の行政委員会との関係です。

国家行政組織法が定める行政委員会としては、公正取引委員会、国家公安委員会、公害等調整委員会、金融再生委員会、司法試験管理委員会、公安審査委員会、船員労働委員会、中央労働委員会および人事院をあげることができます。これらの行政委員会は、一応は内閣や総理大臣の所管に属するとされますが、任期中の委員の強い身分保障や職務執行における内閣からの独立性が認められています。そこで、内閣がコントロールできない行政委員会は、「行政権は、内閣に属する」(65条)とする憲法に反するのではないのかとか、また議院内閣制を採用しながら、国会による民主的コントロールが及ばない行政機関が認められるのか、という疑問が生じます。学説の多くは、これに対して合憲説をとっています。理由としては、①内閣または内閣総理大臣に委員の罷免の権限が認められていて、監督の権限は有しているのであるから憲法に反しない、②内閣は委員任命権と予算権を有するから合憲である、③行政委員会が行うような非政治的作用は、そもそも65条の行政権に含まれないから合憲である、④党派的干渉から独立であることが望ましいというその職務の性格から、かなり高度の独立性を与えようとする趣旨は憲法に反しない、などです。

(3) 内閣の権限

憲法は「内閣は、他の一般行政事務の外、左の事務を行ふ」(73条)として、主要な事務を列挙しています。

(i) 法律の誠実な執行と国務の総理 (73条1号)

法律の執行とは、行政の本質であり、法律に基づいて行政を行うことです。

これは内閣の重要な職務ということになります。また国務の総理とは，内閣が広い意味での行政事務を統括するという解釈と，行政のみならず国政全般にわたって適切な運営が行われるように配慮することという解釈もあります。

(ii) 外交関係の処理（2号）

日常の外交事務は，外務大臣の主管と考えられますが，重要な外交関係の処理は当然に内閣の所管と考えられます。具体的には，全権委任状，大使・公使の信任状や解任状その他の外交文書の作成・受理，外交使節の任免などをあげることができます。

(iii) 条約の締結（3号）

条約とは，協約・協定・議定書の宣言・憲章などの名称に関係なく，ひろく国家間の文書による合意を意味します。条約の締結とは，全権委員の調印（署名）と，内閣による批准を意味します。条約の締結には，事前または事後に国会の承認を必要とします。国会の承認とは，内閣がある条約を締結することに対する同意を意味します。「事前」とは，条約を締結する前のことであり，「事後」とは条約を締結した後を指します。

(iv) 官吏に関する事務の掌理（4号）

官吏とは，国家公務員法にいう国家公務員を指します。ただし，国会議員，国会職員，裁判官，裁判所職員などは，その事務が内閣の権能に属さないので除外されています。官吏に関する事務の掌理とは，国家公務員の人事行政事務を行うことを意味します。

(v) 予算の作成と提出（5号）

内閣は，予算を作成して，その審議・議決を受けるために国会に提出しなければなりません。憲法は，86条でこの点をとくに明示しています。

(vi) 政令の制定（6号）

行政機関が制定する法規は命令ですが，なかでも内閣が制定する命令のことを「政令」と呼びます。内閣は，法律を実施するための執行命令を制定できます。なお憲法を直接執行する命令の制定は許されないと解されています。委任命令的な政令については，憲法は何も規定していませんが，但書の趣旨から考

えて，法律の委任もしくは授権に基づく委任命令は許されるものと解されています。ただし，いくら許されるといっても白紙委任は認められません。

(vii) 恩赦の決定（7号）

恩赦とは，大赦，特赦，減刑，刑の執行の免除および復権の総称のことです。内閣が恩赦を決定し，天皇が認証します（7条6号）。なお恩赦の内容と手続については，恩赦法という法律によりますが，恩赦そのものが裁判所（司法）の決定に対する内閣（行政）の変更要求という性格を有することから，ある意味では権力分立という大原則に触れる事柄です。適用にあたり，厳格さが求められるのは当然のことです。

以上は憲法73条が具体的に規定する内閣の権限ですが，憲法はそれ以外についても内閣の権限を定めています。たとえば，①天皇の国事行為についての助言と承認（3条・7条），最高裁判所長官の指名（6条2項），長官以外の最高裁判所裁判官の任命（79条1項），下級裁判所裁判官の任命（80条1項），臨時

日本国憲法下での衆議院解散とその呼称

第1回	昭和23年12月23日	「なれあい解散」
第2回	昭和27年8月28日	「抜き打ち解散」
第3回	昭和28年3月14日	「バカヤロー解散」
第4回	昭和30年1月24日	「天の声解散」
第5回	昭和33年4月25日	「話し合い解散」
第6回	昭和35年10月24日	「安保解散」
第7回	昭和38年10月23日	「予告解散」
第8回	昭和41年12月27日	「黒い霧解散」
第9回	昭和44年12月2日	「沖縄解散」
第10回	昭和47年11月3日	「日中解散」
第11回	昭和54年9月7日	「曲がり角解散」
第12回	昭和55年5月19日	「ハプニング解散」
第13回	昭和58年11月28日	「田中判決解散」
第14回	昭和61年6月2日	「死んだふり解散」
第15回	平成2年1月24日	「消費税解散」
第16回	平成5年6月18日	「うそつき解散」
第17回	平成8年9月27日	「小選挙区解散」
第18回	平成12年6月2日	「神の国解散」

注　第1回，第3回，第12回，第16回の解散が69条による解散で，他はすべて7条3号による解散です。解散権を行使しないで行われた議員任期満了選挙は，三木内閣（昭和49-51年）での1回のみであり，また衆院議員の平均任期は2年8カ月です。

会の召集の決定（53条），衆議院の解散（69条・7条3号），参議院の緊急集会を求めること（54条2項），予備費を設け，支出すること（87条），決算検査の国会への提出（90条1項），国会および国民に対する国の財政状況の報告（91条）等です。

(4) 内閣総理大臣の権限

(i) 国務大臣の任命と罷免（68条1項・2項）

総理大臣は，閣議にかけることなしに自由に，国務大臣の任命と罷免を行うことができます。総理大臣のみが有する権限です。これにより総理大臣は，自己の内閣を強化し統一することができます。もっとも副総理が置かれている場合，この権限の代行は許されないもの，と解されます。

(ii) 内閣の代表と行政各部の指揮監督（72条）

総理大臣は，内閣を代表して議案を国会に提出し，一般国務・外交関係につき国会に報告し，ならびに行政各部を指揮監督する権限を有しています。

(iii) 国務大臣の訴追に対する同意（75条）

総理大臣は，内閣の首長として，検察機関による不当な訴追から国務大臣の身体を保護し，内閣の一体性を確保する必要があります。訴追については，起訴のほかに，それに先行する逮捕・勾留などの身体的拘束を含むかについては，判例・学説上の対立があります。通説は，含むと考えられています。

(iv) 法律・政令への連署（74条）

総理大臣は，法律および政令に連署します。連署とは，並べて署名することをいいます。署名は主任の国務大臣が行い，総理大臣は連署することになります。なお，連署を欠いた法令は，ただちに無効ではなくすみやかな連署が求められます。

(v) 両議院への出席と発言（63条）

総理大臣その他の国務大臣は，両議院の一に議席を有すると有しないとにかかわらず，いつでも議案について発言するため議院に出席することができます。また，答弁もしくは説明のために出席を求められたときは，出席しなければなりません。

内閣と首相の権限

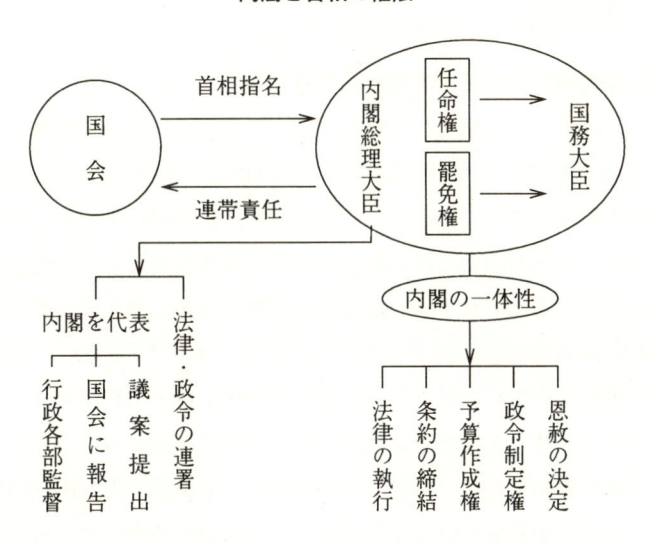

(vi) 閣議の主宰（内閣法4条2項）

総理大臣は，閣議を主宰します。閣議では，総理大臣が内閣の重要政策に関する基本的方針その他の案件を発議することができます。閣議決定は，全員一致が慣例とされています。

(5) 国務大臣の権限

国務大臣は，以下の権限を有しています。①内閣構成員として閣議に出席して，それぞれ同等の発言権を有しています。②案件のいかんを問わず総理大臣に提出して，閣議を求めることができます（内閣法4条3項）。また③主任の国務大臣として行政事務を分担管理し（内閣法3条1項，行組5条1項），法律および政令に署名し（74条），そして議案について発言するために議院に出席することができます（63条）。

4　内閣の責任

(1)　責任の範囲・性質・態様と相手方

　憲法は，内閣が行政権を行使するについて，国会に対して連帯して責任を負うことを明示しています（66条3項）。その責任の範囲も，内閣の権限に属するすべての事項と考えられます。したがって，天皇の国事行為に関する内閣の助言と承認の責任問題もこれに含まれます。内閣の責任には，法的責任と政治的責任の2つが考えられます。前者は，内閣不信任に伴う責任であり，後者の責任はそれ以外の国会に対する責任です。また責任の態様は，「連帯して」負うものとされています。個々の国務大臣が責任を負って辞任することもできますが，内閣の一体性を考えると当然に連帯の性格が備わっているのです。内閣の有する責任の相手方は，国会に対してです。主権者である国民の代表たる国会に対し，内閣が責任を負うことはそも民主政治の基本と考えられています。

(2)　国会による問責手段

　内閣に対する国会の問責手段としては，質疑，決議，国政調査権および内閣不信任決議があります。とくに内閣不信任決議は，衆議院に認められています。参議院も同趣旨の決議をすることは可能ですが，その場合は決議だけであって，69条のような法的効力は生じないと解されています。これは，衆議院の優越の1つと考えられます。なお，衆議院は，内閣そのものではなく，個々の国務大臣に対する不信任決議をも行うことができます。ただし，その場合は69条にいう本来の内閣不信任ではないために，法的効力を有しません。つまり，内閣総辞職という状況は発生せず，先例として，当該の国務大臣のみが辞任するという対応になっています。

　なお，第84代内閣総理大臣であった小渕恵三氏は，その任期中に倒れて内閣は総辞職しましたが，70条には，総理大臣が欠けたときは内閣の総辞職を明示しています。「欠けた」とは，死亡や国会議員としての資格を失った場合，単独で辞表を提出した場合をいいますが，先の小渕氏の場合は，死亡ではなく，病気がきわめて重篤であり再起が不可能と考えた上での総辞職でした。内閣法

9条には,「内閣総理大臣に事故のあるとき」として,あらかじめ内閣総理大臣から指定された国務大臣が,臨時に内閣総理大臣の職務を行うということになります(今回の場合,小渕前総理と青木官房長官との権限委譲の不明確さが問題になりましたが)。このように内閣の総辞職という状況が発生すると,国会は他の案件に先立って内閣総理大臣の指名を行わなければなりません(67条1項)。内閣総理大臣のすみやかなる指名と任命を行い,また組閣を急ぎ行うことにより,国の政治の途切れをできる限り最小限に押さえようと考えています。また,新しい総理大臣が任命されるまで,引き続きそれまでの総理大臣がその職務を行うことも考えられています(71条)。

13 ■ 裁判所の役割とは何なのか？

【関連条文】
第32条【裁判を受ける権利】何人も，裁判所において裁判を受ける権利を奪はれない。
第76条【司法権・裁判所，特別裁判所の禁止，裁判官の独立】
① すべて司法権は，最高裁判所及び法律の定めるところにより設置する下級裁判所に属する。
② 特別裁判所は，これを設置することができない。行政機関は，終審として裁判を行ふことができない。
③ すべて裁判官は，その良心に従ひ独立してその職権を行ひ，この憲法及び法律にのみ拘束される。
第78条【裁判官の身分の保障】裁判官は，裁判により，心身の故障のために職務を執ることができないと決定された場合を除いては，公の弾劾によらなければ罷免されない。裁判官の懲戒処分は，行政機関がこれを行ふことはできない。
第81条【法令審査権と最高裁判所】最高裁判所は，一切の法律，命令，規則又は処分が憲法に適合するかしないかを決定する権限を有する終審裁判所である。

1 裁判所の役割

(1) 裁判を受ける権利

A：「お金を貸したら，期日を過ぎても返してくれないので裁判所に訴えたら，それくらいは自分たちで解決しろといわれました」。B：「恥ずかしい話だが，以前に人の物を盗んで裁判にかけられたが，そのときは非公開だったよ」。C：「風俗営業の営業免許を取り上げられたので裁判所に訴えたら，裁判所は取り上げてくれませんでした」。D：「私は裁判官ですが，上司から出来るだけ違憲判決は避けるようにといわれたことがあります」。今日，はたしてこのようなことが罷り通るでしょうか。

私たちの身の回りで起きるさまざまな事件は，民事事件，刑事事件，行政事

件に大別できます。そして、これらの事件の最終的な解決は裁判所に委ねられる仕組みになっています。すなわち、国民には「裁判所において裁判を受ける権利」が保障されており（32条）、原則として「裁判の対審及び判決は、公開法廷で」行われることになっています（82条）。もちろん、裁判は公平でなければならないことはいうまでもないでしょう。こうした裁判を受ける権利を保障するために、憲法はその第六章で司法権についての規定を置いています。

(2) 司法権の意義と範囲

(i) 司法権の意義と範囲

日本国憲法は、「すべて司法権は、最高裁判所及び法律の定めるところにより設置する下級裁判所に属する」（76条1項）と定め、司法権が裁判所に帰属するとしています。ここにいう司法権の意味については、通常、「具体的な争訟について、法を適用し、宣言することによって裁定する国家の作用」（清宮）を指すものと理解されています。ですから、学問上の論争についてどちらの言い分が正しいかなどといった問題は、当然のことながら裁判の対象とはなりません。

ところで、明治憲法では、司法とは民事事件と刑事事件の裁判を意味し、行政事件については、これを裁くために別系統の行政裁判所が設けられていました。しかし、現行憲法では、英米の司法概念に習って行政事件の裁判も司法に含まれるとし、民事・刑事・行政事件すべてが通常裁判所（司法裁判所）の扱いとされました。

(ii) 司法権の限界

裁判所法3条は、裁判所が一切の法律上の争訟を裁判する旨を定めていますが、議員の資格争訟の裁判（55条）や裁判官の弾劾裁判（64条）のように憲法自身が認めた場合のほか、いくつかの例外があります。それらのうち最も議論のあるのは、「統治行為」と呼ばれている問題です。これは、「政治部門の行為のうち、法的判断が可能であっても、その高度の政治性の故に、司法審査の対象とされない行為」（佐藤(幸)①）をいうとされています。要するに、国家の統治の根本に関わる問題で、高度の政治的判断を伴う国家行為については、た

とえ法的な判断が可能であっても司法審査の対象から除外すべきであるということです。このような例外が認められるかどうか議論の余地がありますし、仮に認められるとしても、その根拠付けや範囲などについてはなお検討しなければなりません。ちなみに、判例は以下のようにこれを認めています。

COLUMN

苫米地事件（最大判昭35・6・8民集14巻7号1206頁）

事案は、1952年8月28日の衆議院解散の効力について争われたものです。そのなかで最高裁は次のように述べています。「わが憲法が三権分立の制度の下においても、司法権の行使についておのずからある限度の制約は免れないのであって、あらゆる国家行為が無制限に司法審査の対象となるものと即断すべきでない。直接国家統治の基本に関する高度の政治性のある国家行為のごときはたとえそれが法律上の争訟となり、これに対する有効無効の判断が法律上可能である場合であっても、かかる国家行為は裁判所の審査権の外にあり、その判断は主権者たる国民に対して政治的責任を負うところの政府、国会等の政治部門の判断に委され、最終的には国民の政治判断に委ねられているものと解すべきである。」

また、最高裁は、安保条約の合憲性が問題となった砂川事件（最大判昭34・12・16刑集13巻13号3225頁）では、「主権国家としてのわが国の存立の基礎に極めて重大な関係をもつ高度の政治性を有する」条約が違憲か否かの判断は、「一見極めて明白に違憲無効であると認められない限りは、裁判所の司法審査権の範囲外のもの」であると判示し、統治行為論に近い判断を示しています。

2 裁判所の組織と権能

(1) 裁判所の組織と権能

(i) 裁判所の種類と三審制

日本国憲法のもとで司法権を担当する裁判所は，最高裁判所と下級裁判所に大別されますが，下級裁判所として，高等裁判所，地方裁判所，家庭裁判所，簡易裁判所の4種が置かれています（裁判所法2条）。裁判所相互間には審級制が採用されており，現在の日本では三審制が採用されていることはよく知られていますが，具体的には次のようになっています。

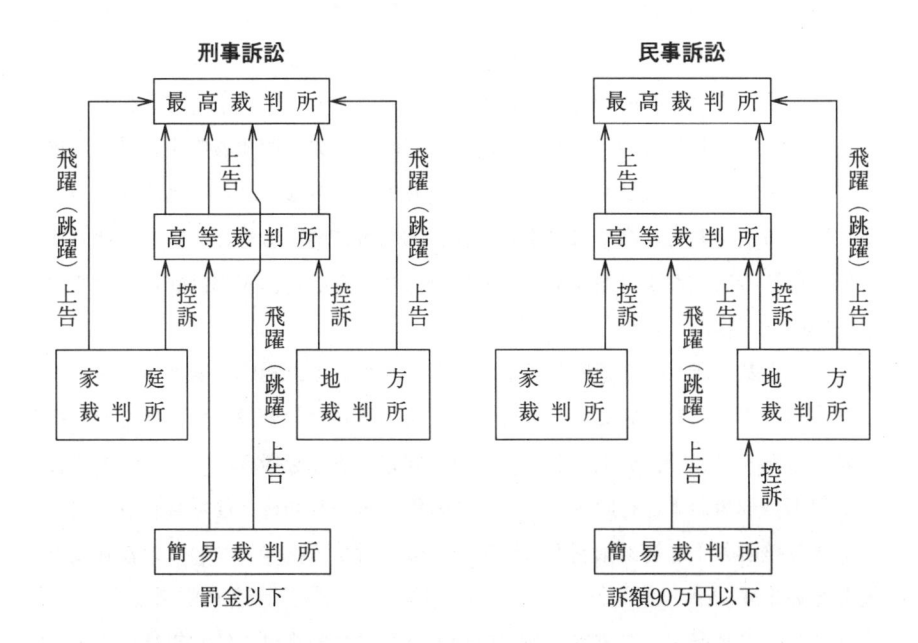

```
           刑事訴訟                              民事訴訟
     ┌──────────────┐                    ┌──────────────┐
     │  最高裁判所  │←─┐              │  最高裁判所  │←─┐
     └──────────────┘    │              └──────────────┘    │
       ↑    ↑    ↑      │                ↑            ↑      │
     飛躍  上告  飛躍   │              上告         飛躍   │
    (跳躍)      (跳躍)  │                           (跳躍) │
     上告        上告    │                             上告  │
       │    ↑    │      │                ↑                  │
     ┌──────────────┐                    ┌──────────────┐
     │  高等裁判所  │                    │  高等裁判所  │
     └──────────────┘                    └──────────────┘
       ↑         ↑                        ↑     ↑      ↑
      控訴     控訴                      控訴  飛躍  控訴
               飛躍                            (跳躍)
              (跳躍)                            上告
               上告
     ┌──────┐  ┌──────┐              ┌──────┐        ┌──────┐
     │家 庭 │  │地 方 │              │家 庭 │        │地 方 │
     │裁判所│  │裁判所│              │裁判所│        │裁判所│
     └──────┘  └──────┘              └──────┘        └──────┘
                                                           ↑
                                                          控訴
              ┌──────────┐                        ┌──────────┐
              │簡易裁判所│                        │簡易裁判所│
              └──────────┘                        └──────────┘
                罰金以下                           訴額90万円以下
```

(ii) 裁判所の組織と権能

裁判所には最高裁判所と4種類の下級裁判所がありますが，次のような組織構成のもとにその権能を行使しています。

(a) 最高裁判所　長たる最高裁判所長官および最高裁判所判事14人で構成

され，長官は内閣の指名にもとづき天皇が任命（6条2項），判事は内閣が任命し天皇がこれを認証（79条1項，裁判所法39条）することとされています。また，最高裁判所の裁判官は国民審査に服することになっています。最高裁判所での審理・裁判は大法廷（15人全員の裁判官の合議体）または小法廷（5人の裁判官の合議体）で行われますが，一定の場合には大法廷で取り扱うべきものとされています。なお，最高裁判所の権能については後述します。

(b) 高等裁判所　全国に8カ所置かれていて，高等裁判所長官および相応な員数の判事で構成されています。高等裁判所をはじめ下級裁判所の裁判官（高等裁判所長官，判事，判事補，簡易裁判所判事）は，最高裁判所の指名した者の名簿によって内閣が任命し，その任期は10年で再任されることができるとされています（80条1項）。通常は3人または5人の裁判官の合議体で裁判が行われますが，高等裁判所が有する裁判権は次のとおりです。①地方裁判所の第一審判決，家庭裁判所の判決および簡易裁判所の刑事に関する判決に対する控訴，②地方裁判所および家庭裁判所の決定および命令ならびに簡易裁判所の刑事に関する決定および命令に対する抗告，③刑事に関するものを除き，地方裁判所の第二審判決および簡易裁判所の判決に対する上告，④内乱罪についての第一審の裁判権。

(c) 地方裁判所　都道府県単位で設置されていて，相応な員数の判事および判事補で構成されています。例外的に3人の裁判官の合議体で事件を取り扱う場合もありますが，原則として1人の裁判官で事件を扱うことになっています。民事，刑事および行政事件についての第一審の裁判権と簡易裁判所の判決に対する控訴および簡易裁判所の決定，命令に対する抗告についての裁判権を有しています。

(d) 家庭裁判所　各家庭裁判所は相応な員数の判事および判事補で構成され，審判または裁判を行うときは原則として1人の裁判官が事件を取り扱いますが，例外的に3人の裁判官の合議体で扱う場合もあります。家事審判法の定める家庭事件の審判および調停，少年法の定める少年保護事件の審判などを行います。なお，少年保護事件の審判については，近年そのあり方をめぐって激

しい議論が展開されています。

(e) 簡易裁判所　相応な員数の簡易裁判所判事によって構成され，1人の裁判官でその事件を取り扱うことになっています。訴訟の目的の価額が90万円を超えない請求や比較的軽微な犯罪の第一審の裁判権を有しています。

(2) 最高裁判所の権能

(i) 裁　判　権

最高かつ最終の裁判所として，上告および一定の抗告についての裁判権を有しています。

(ii) 違憲審査権

いうまでもなく憲法は国の最高法規であって，これに反する一切の法律，命令その他の国家行為は違憲・無効となります（98条1項）が，その場合，その法律・命令などが憲法に反するかどうかを審査・決定する機関が必要とされます。憲法が最高の価値としている基本的人権の保障に関わる問題の場合であればなおさらです。さもなければ，基本的人権の保障も絵に描いた餅になってしまうでしょう。すなわち，そのような権限をもった国家機関——憲法の番人——が必要となります。どの機関にそのような権限を与えるかは国や時代により異なりますが，現行憲法はこれを裁判所の権限として定めています（81条）。なお，81条は最高裁判所についてこの権限すなわち違憲審査権を認めていますが，下級裁判所も同様の権限を有します。ただ，最高裁判所は審級制の最終裁判所ですから，その審査結果は最終的な決定となるわけです。

では，どのような場合に裁判所に違憲審査を求めることができるのでしょうか。違憲審査制には，大別すると，①通常の裁判所が，具体的な争訟事件を裁判するに際して，その前提として適用する法の違憲審査を行う型（付随的違憲審査制）と，②特別の機関（憲法裁判所など）が，具体的な争訟事件と関係なく違憲審査を行う型（抽象的違憲審査制）とがあります。わが国の場合どちらの型を採用しているとみるべきかは議論の余地がありますが，通説・判例は前者の立場をとっています。ですから，あなたが自衛隊の存在に疑問を持ち，裁判所に合憲か違憲かについての判断を求めて訴え出ても，いわゆる門前払いされ

ることになります。

> **COLUMN**
>
> **警察予備隊違憲訴訟**（最大判昭27・10・8民集6巻9号783頁）
> 具体的な事件を離れて，警察予備隊（自衛隊の前身）が違憲無効であることの確認を求めて最高裁判所に訴え出た事件です。最高裁は「わが裁判所が現行の制度上与えられているのは司法権を行う権限であり，そして司法権が発動するためには具体的な争訟事件が提起されることを必要とする。我が裁判所は具体的な争訟事件が提起されないのに将来を予想して憲法及びその他の法律命令等の解釈に対し存在する疑義論争に関し抽象的な判断を下すがごとき権限を行い得るものではない」と判示し，請求を却下しました。

ところで，わが国の裁判所の違憲審査権行使のあり方については，その消極的な姿勢に対して批判がなされてきました。確かに，国民の代表である国会が制定した法を，国民によって選ばれたわけでもない裁判所が審査し，場合によっては違憲無効とするわけですからおのずと審査権の行使，まして違憲無効の判断を下すことに消極的になるのも無理からぬところがあるようにも思えます。しかし，81条によって違憲審査権が与えられているわけで，憲法の番人としての権限をまっとうすることが要求されることは当然の理とされるところです。裁判所の姿勢を含めて，違憲審査制のより実効的なあり方についてさらに議論を深めていくことが必要でしょう。

(iii) 最高裁判所規則制定権

最高裁判所には，41条の例外として，裁判手続などに関して規則を制定する権限が与えられています（77条1項）。これは，司法権の自主運営を確保することによって司法権の独立を強化するとともに，司法部内の統制を強化することを目的としたものです。もっとも，この統制の行き過ぎも以前より指摘されているところです。

(iv) その他

下級裁判所の裁判官指名権や下級裁判所および裁判所職員を監督する権限が与えられています。

3 司法権の独立

(1) 司法権独立の意義

裁判所に持ち込まれた紛争の解決にあたっては，何よりも公平であることが要求されますが，そのためには，全体としての裁判所が，他の国家機関（政治部門である立法機関と行政機関）からの干渉を受けることなく，独立して自主的に活動できるということ（司法府の独立）が必要でしょう。さらに，個々の裁判官が，法以外の何ものにも拘束・指図されることなく独立してその職権を行使すること（裁判官の独立）も必要でしょう。「司法権の独立」といわれるのは，この2つの内容を意味しています。

司法権の独立に関わる有名な事件として「大津事件」があります。これは，1891年（明治24年），来日中のロシア皇太子が巡査に襲われ傷を負わされたという事件ですが，時の政府は外交上の配慮から死刑判決を下すように大審院に圧力をかけました。しかし，大審院長であった児島惟謙はこれをはねのけ，結局，その巡査は無期徒刑に処せられたというものです。この事件は司法権の独立を守ったという見地からすれば意義がありますが，ただ，児島みずからが大津に赴いて担当判事を激励するという行動をとっており，裁判官の独立という面では問題のあった事件ともいえます。

(2) 裁判官の独立

(i) 裁判官の職権行使の独立

憲法76条3項は「すべて裁判官は，その良心に従ひ独立してその職権を行ひ，この憲法及び法律にのみ拘束される」と定め，裁判官の職権行使の独立を保障しています。ここでいわれる「良心」とは，裁判官個人の人生観や世界観といった主観的良心ではなく，裁判官としての職務上の良心すなわち客観的良心を指すと解されています。裁判官の職権行使の独立が問題となった事件として

は、「浦和事件」(1949年) や「吹田黙祷事件」(1953年) などがあります。なかでも、「平賀書簡事件」(1969年) は、「司法の危機」として大きな社会問題にもなった事件です。これは、長沼事件に関連して、当時の平賀健太札幌地裁所長が事件担当の福島重雄裁判長に対して、判断の一助にしてほしいとの前置きのもとに、国側の裁量判断を尊重して自衛隊の違憲判断は避けるべきである旨を示唆する内容の「書簡」を私信として送ったというものです。裁判官の職権行使の独立を脅かすのは、外部からの干渉という要因による場合と、司法内部における要因による場合とがあることに注意しなければならないでしょう。

(ii) 裁判官の身分保障

裁判官の職権行使の独立を保障するために、憲法は裁判官の身分保障に配慮する規定を置いています (78条)。これによれば、裁判官が罷免されるのは、①裁判で、心身の故障のために職務を執ることができないと決定された場合 (分限裁判)、②公の弾劾による場合 (弾劾裁判)、の2つの場合に限られます。このうち、弾劾裁判は、裁判官訴追委員会 (両院の議員各10名) の訴追を受けて、国会に設置される弾劾裁判所 (両院の議員各7名) によって行われます。なお、最高裁判所の裁判官に限っては国民審査により罷免される可能性があります。

罷免以外についても、たとえば、裁判官に対しては行政機関による懲戒が認められないこと (懲戒は裁判所の裁判によること)、その意思に反して転官、転所、職務の停止をされないこと、すべて定期に相当額の報酬を受け、在任中減額されないこと、などの保障がなされていますが、これらも裁判官の職権行使の独立を保障するための身分保障の一環をなすものといえるでしょう。

4 司法制度改革

(1) 司法制度改革審議会の設置

日本人は昔から争いごとを好まないとか、物事の白黒をつけることを嫌うといった性格が強い民族だとかいわれていますが、確かにそうした傾向があるよ

うに思えます。しかし，私たちにすれば，紛争を司法の場に持ち込もうにもどうすればよいのかさっぱりわからない，お金と時間がかかり大変だ，身近に相談できる弁護士がいない，などの問題があります。また，現行の司法制度にも，裁判がキャリア裁判官（職業裁判官）のみで行われることをはじめ多くの問題があることも事実です。司法が抱えるさまざまな内外の問題に答えるための一環として，1999年7月27日に「司法制度改革審議会設置法」が施行され，同日，第一回の審議会が開かれました。司法制度改革審議会設置法2条によれば，「審議会は，二十一世紀の我が国社会において司法が果たすべき役割を明らかにし，国民がより利用しやすい司法制度の実現，国民の司法制度への関与，法曹の在り方とその機能の充実強化その他の司法制度の改革と基盤の整備に関し必要な基本的施策について調査審議する」ことが目的とされ，広く改革に取り組もうとする姿勢がうかがえます。ともかく2年の審議期間でどのような改革の方向が打ち出されるか注意深く見守る必要があるでしょう。なお，次に諸多の問題点のうち2点だけあげておきます。

(2) 陪審制・参審制

現行の裁判は法曹一元とはほど遠く，キャリア裁判官のみによって行われており，弁護士や検察官経験者が裁判官になることはきわめて稀なこととされています。まして一般市民が裁判に関与することなどとうてい及びもつかないところです。しかし，陪審制あるいは参審制が採用されればどうでしょうか。陪審制は，一般市民の中から選ばれた陪審員が事実認定・起訴・評決を行うという制度ですが，たとえばアメリカの場合の刑事事件における陪審制は下記の表のようになっています。参審制は市民から選ばれた参審員が裁判官と共働で審理にあたり，合議によって判決を下すというもので，主にドイツで発展してきた制度です。いずれも，国民の司法制度への関与による司法の民主化や裁判の迅速化などの点からみれば好ましい制度のようにもみえますが，はたして日本人の国民性や法意識に馴染むものであるかを含めて，検討されることが必要でしょう。ちなみに，明治憲法下で陪審制が導入された時期がありましたが，ほとんど機能しないままに廃止されたという経緯があります。

アメリカの刑事事件における陪審裁判

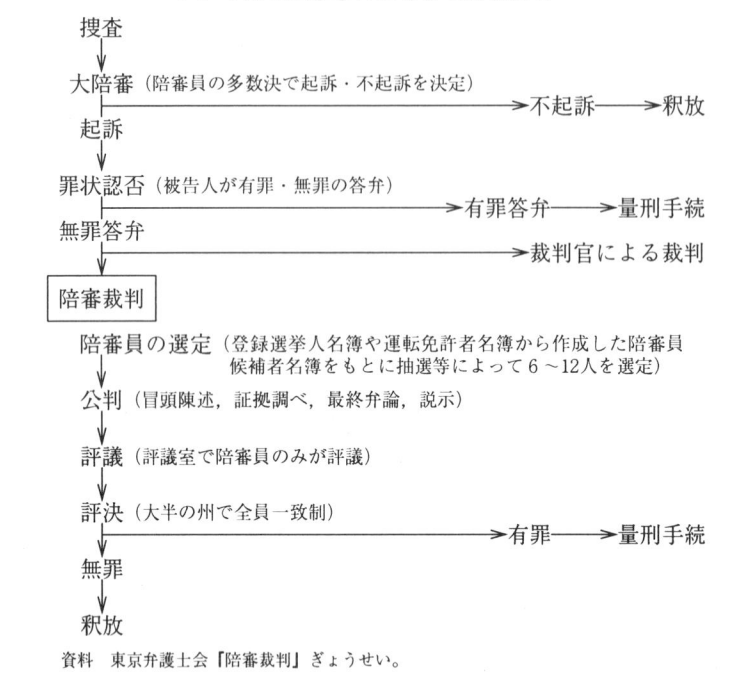

```
捜査
 ↓
大陪審（陪審員の多数決で起訴・不起訴を決定）────→ 不起訴 ──→ 釈放
 ↓
起訴
 ↓
罪状認否（被告人が有罪・無罪の答弁）────→ 有罪答弁 ──→ 量刑手続
 ↓
無罪答弁 ────────────────────→ 裁判官による裁判
 ↓
┌──────┐
│陪審裁判│
└──────┘
 ↓
陪審員の選定（登録選挙人名簿や運転免許者名簿から作成した陪審員
　　　　　　候補者名簿をもとに抽選等によって6～12人を選定）
 ↓
公判（冒頭陳述，証拠調べ，最終弁論，説示）
 ↓
評議（評議室で陪審員のみが評議）
 ↓
評決（大半の州で全員一致制）────────→ 有罪 ──→ 量刑手続
 ↓
無罪
 ↓
釈放
```

資料　東京弁護士会『陪審裁判』ぎょうせい。

(3) 法曹人口と法曹一元化

　わが国の法曹人口——ここでいう法曹人口とは裁判官・検察官・弁護士の法曹三者の人口——が国民人口に比しきわめて少ないことは事あるごとに指摘されてきたところです。

　司法機能の充実という観点からみても早急に法曹人口の増員が望まれています。もっとも，司法機能の充実は決して量の問題としてのみではなく，質の問題としても考えられなければなりません。その意味では法曹養成のためのより良い制度が必要でしょう。この点については，いわゆるロー・スクール（法科大学院）構想が注目されています。また，立法・行政へのチェック機能の弱体化の原因ともなっている裁判官の官僚化を防ぐという意味からも，法曹一元化——裁判官をキャリア裁判官のみに委ねるのではなく，弁護士や検察官からも任用する制度——が真剣に検討されねばならないでしょう。

司法制度に関するデータ各国比較（1997年）

（最高裁事務総局調べ）

	日本	アメリカ	イギリス	ドイツ	フランス
法曹人口（人） （裁判官,検察官,弁護士）	1万9733	96万8490	8万2653	11万1315	3万5695
人口10万人あたりの法曹数	15.6	363	158.3	135.7	61.3
裁判官数（人）	2899	3万888	3170	2万999	4900
人口10万人あたりの裁判官数	2.3	11.6	6.1	25.6	8.4
訴訟件数（民事, 一審）	42万2708	1567万573	233万8165	210万9215	111万4344
法曹一人あたりの訴訟件数	21.4	16.2	28.3	18.9	31.2
裁判官一人あたりの訴訟件数	145.8	507.3	737.6	100.4	227.4
一審での平均審理期間 （月, 地裁レベル）	10.2	8	41	6.6	9.1
判決率(%, 地裁レベル)	29.1	3.3(92年)	25	28.3	74.3(95年)
控訴率(%, 地裁レベル)	15.9	16.8	14.8	57.8	18.3(95年)

14 ■ 地方の時代は来るのか？

【関連条文】
第92条【地方自治の基本原則】 地方公共団体の組織及び運営に関する事項は，地方自治の本旨に基いて，法律でこれを定める。
第93条【地方公共団体の機関，その直接選挙】
① 地方公共団体には，法律の定めるところにより，その議事機関として議会を設置する。
② 地方公共団体の長，その議会の議員及び法律の定めるその他の吏員は，その地方公共団体の住民が，直接これを選挙する。
第94条【地方公共団体の権能】 地方公共団体は，その財産を管理し，事務を処理し，及び行政を執行する権能を有し，法律の範囲内で条例を制定することができる。
第95条【特別法の住民投票】 一の地方公共団体のみに適用される特別法は，法律の定めるところにより，その地方公共団体の住民の投票においてその過半数の同意を得なければ，国会は，これを制定することができない。

1　地方自治の意義と沿革

　地方自治とは，一定の区域を持った地域団体が，その住民みずからの意思にもとづき，国とは独立した組織，機関により，その地域のための政治を行うことです。したがって，地方自治は住民がみずからの事務をその意思にもとづいて処理するところの住民自治と独立の法人格をもつ組織・機関がその事務を処理するところの団体自治により構成されています。団体自治は，住民自治の手段といえますので，地方自治の核心はあくまでも住民自治にあるといってよいでしょう。地方自治は，一種の権力分立であって，中央集権的な行政に対する抑制的機能ならびに地域的補完機能を有していますが，同時にみずからの政治はみずからの手で行うという，イギリスの政治学者ブライスのいわゆる「民主主義の学校」としての意義をも有するものです。
　こうした地方自治制度は，わが国においては，明治21年の市制・町村制，明

治23年の府県制・郡制の制定により本格的にスタートし、市町村は、国から独立の法人格を認められ、議決機関である市町村会には、条例・規則の制定権が与えられました。その後、地方議会での普通選挙制の採用（大正15年），府県の条例制定権の付与（昭和4年）など、漸次自治制度は拡充していきましたが、その後戦時体制の強化と共に、昭和18年には地方自治法が改正され、市町村は国の行政機構の一貫に組み込まれることになりました。

明治憲法は、とくに地方自治の章を置いてはいませんでしたが、地方自治を否定するものではなく、法律の規定に委ねていたものと解するのが相当です。また、現実にも、明治憲法下において、上述のように着実に発展してきましたが、戦時体制下において停止の止むなきにいたったことから、日本国憲法では、新たに「第八章　地方自治」を設け、地方自治の原則、地方公共団体の機関、権能などを規定し、地方自治を憲法上の制度として保障しています。

2　地方自治保障の基本原則

(1)　地方自治権の本質

地方自治権の性質をめぐって、固有権説と伝来説ならびに制度的保障説の対立が存在しています。固有権説は、地方公共団体が国家以前に固有の権利である自治権を有していたとするものです。これに対して、伝来説は、歴史的沿革はともかくとして、統一的な国家法秩序の下では、地方公共団体の権限はすべて国の統治権より伝来するものであるとします。最後の制度的保障説（通説）は、歴史的、伝統的に形成されてきた地方自治制度は、憲法上特別に保護され、法律によって、その核心部分を侵害することは許されないとするものです。固有権説は、近代立憲主義体制が封建制度を克服した統一的国法秩序の下に成立したものであることを無視している点で妥当ではなく、また、伝来説は、憲法がわざわざ地方自治の章を設け、92条が「地方自治の本旨」にもとづく地方公共団体の組織・運営を保障した趣旨と合致していません。この点で、制度的保障説の説くところが「地方自治の本旨」にも適合し最も妥当であろうと思われ

ます。

(2) 「地方自治の本旨」と地方公共団体

「地方自治の本旨」とは,「地方自治を認める趣旨や存在理由」のことですから,結局は,既に述べた住民自治および団体自治のことを意味するものと一般には理解されています。そこで,問題になるのは,憲法の保障する地方公共団体とはいかなるものなのか,換言すれば,「地方自治の本旨」との関係で,現行の地方自治法の定める府県制や市町村制を自由に統廃合し,新たな地方公共団体を設けることが憲法上可能であるかということです。これに関しては,憲法は直接には府県制や市町村制を保障した規定を置いていない以上,法律をもって,新たな地方公共団体を設けることは可能であるとする見解(第1説),府県制や市町村制は現行憲法の施行時において既に存在していた以上,憲法はこれを前提として,地方自治制度を保障したのであるから,府県制や市町村制を廃止することは「地方自治の本旨」に反して許されないとする見解(第2説),市町村は基礎的自治体であるから,これを廃止することは許されないが,沿革的に不完全自治体であった都道府県はこれを廃止しても許されるとする見解(第3説)などが存在しています。

地方自治とは,住民の地域的共同体意識を基礎としてこそ,地方自治の実をあげうるものであることを考えますと,第1説は妥当ではありません。人口の移動や交通手段の発達,生活権の拡大などの社会的,経済的変化に伴い,地域共同体意識も変化することを考えますと,現在の都道府県や市町村制を今後とも不変の制度として固定的に捉える合理的根拠は存在しないと思われますので,第2説や第3説も妥当ではないでしょう。現在の地方公共団体をより地域の実情や共同体意識の変化に合わせて,改革を加えることは許されるものといわなければならないでしょう。

東京都の特別区の区長の公選制の廃止が,93条2項に違反するかどうかが争われた事件で,最高裁は,憲法上の地方公共団体とは,「……事実上住民が経済的文化的に密接な共同生活を営み,共同体意識をもっているという社会的基盤が存在し,沿革的にみても,また現実の行政の上においても,相当程度の自

主立法権，自主行政権，自主財政権等地方自治の基本的権能を付与された地域団体であることを必要とする」と述べ，特別区の実態はこの要件には該当しないから，93条2項の地方公共団体とは認められないと判示しました（最大判昭38・3・27刑集17巻2号121～122頁）。

このような判例の趣旨から考えても，一定の共同体的意識の存在する範囲において，広域行政の目的で，市町村合併を行うことは憲法上許容されるものと思われます。

3　地方公共団体の機関と権能

(1)　地方公共団体の機関

地方公共団体が自立的に活動し，団体自治を行うためには，独自の機関が存在しなければなりません。93条は，地方議会の設置ならびに首長や議員の住民による直接選挙を規定していますが，これを受けて，地方自治法が，その組織，機関，権能などを詳細に定めています。

(i)　地方議会（都道府県議会，市町村議会）

地方公共団体の最高の意思決定機関は議会であり，議会は住民の公選からなる議員により構成されています。その定数は人口に比例する形で法定され，任期は4年です。議会の主な権限は，議決権，検閲および検査，監査請求権，説明請求，意見陳述，意見提出権，調査権，長の不信任決議権などがあります。議会には定例会と臨時会があり，長がこれを召集します。

(ii)　長（都道府県知事，市町村長）

長は住民により直接選ばれるところの任期4年の特別職の地方公務員です。長は，当該地方公共団体を統轄し，代表して，自治事務および法定受託事務を執行します。長は，その権限に属する事務を処理するために規則を制定でき，副知事，助役，出納長，収入役などの補助機関たる職員を指揮監督します。

(iii)　議会と長との関係

議会と長はともに住民により直接選ばれることより，対等独立の関係に立ち

ますが、両者の均衡と調整をはかるために、地方自治法は、長には大統領制を採用し、他方、議会には長との関係で議院内閣制を採用するという特徴のある制度となっています。

《地方議会と首長との関係》

地方議会（都道府県・市町村） ←不信任決議・再議決権→ 首長（知事・市町村長）
　　　　　　　　　　　　　　←解散権・拒否権→
　　　　　　　　直接選出　　住民　　直接選出

(2) 地方公共団体の事務

94条は、地方公共団体の条例制定権を規定していますが、地方自治法（2条2項）はこれを受けて、公共団体の事務を「普通地方公共団体は、地域における事務及びその他の事務で法律又はこれに基づく政令により処理することとされるものを処理する」として、二種の事務に分類しています。平成11年の改正前には、公共事務、団体委任事務、行政事務の三種に分類されていましたが、公共事務と団体委任事務の区別が不明確であること、行政事務を他の事務と区別する実益に乏しいことなどの問題が指摘されていたため、機関委任事務の廃止とともに従来の三種の区別も廃止され、2条2項の前段の自治事務と後段の法定受託事務の二種に再構成されました。

(i) 自 治 事 務

自治事務は地方公共団体の処理する事務の内、法定受託事務を除いたものです（地方自治法2条8項）。自治事務は法令に定めのない自治事務と法令に定めのある自治事務とがあります。

(ii) 法定受託事務

法定受託事務は、本来国が果たすべき事務（第1号法定受託事務）、または本来都道府県が果たすべき事務（第2号法定受託事務）であって、これらにおいて適正な処理を特に確保する必要から、その事務に対する国又は都道府県の特別な関与が認められている事務です（地方自治法2条9項）。何が法定受託事務に

当たるかは，本法および施行令に定める他は，本法の別表ならびに施行令の別表に定められています。国政選挙事務，旅券の交付事務等の国の統治の基本に関わる事務，国道の管理事務等の根幹部分を国が直接執行している事務，生活保護などの国が一律の基準を設けて執行している事務などがそれに該当します。

(3) 条例制定権

94条は「法律の範囲内で条例を制定することができる」として，国会の立法権とは別に，地方公共団体に自主立法権を与えています。ここでいう条例とは，単に地方議会の定める条例（狭義）にとどまらず，長の制定する規則や各委員会の制定する規則，規程を含む広い意味に一般には理解されています。もっとも，現実に問題になるのは，狭義の意味での条例ですので，以下はこれについて論じることにします。

(i) 条例制定権の範囲

94条の規定を受けて，地方自治法14条1項は「普通地方公共団体は，法令に違反しない限りにおいて第2条第2項の事務に関し，条例を制定することができる。」と定めています。このことから，地方公共団体の条例制定権は，地方公共団体の自治事務の範囲内においてしか行使できないので，法定受託事務については，法令にとくに条例に委任する旨の規定がある場合を除いて，条例を定めることはできません。ただし，事務処理の手数料は，条例で定めることができます。

(ii) 条例制定権の限界

(a) 基本的人権との関係　条例でもって，基本的人権を制約することができるでしょうか。この点については，基本的人権の制約は，狭義の法律による授権を必要とする見解と，法律の授権がなくてもかまわないとする見解とがありますが，条例が憲法に根拠を持つ自治法であること，条例は地方議会の議決により成立する民主的性格であること，基本的人権といえども一般的には公共の福祉に従うものであることなどを考えますと，特別に法律の授権は必要ではないとする見解が妥当と思われます。

なお，これとの関係で，条例でもって罰則を設けることができるか否かの問

題があります。すなわち，31条は，「何人も，法律の定める手続きによらなければ，その生命若しくは自由を奪はれ，又はその他の刑罰を科せられない。」とし，刑罰を科する場合には，法律（狭義）が必要であることを明らかにしています。地方自治法14条3項は，これを受けて「（普通地方公共団体は）その条例中に，条例に違反した者に対し，二年以下の懲役若しくは禁錮，百万円以下の罰金，拘留，科料若しくは没収の刑又は五万円以下の過料を科する旨の規定を設けることができる。」としています。これにもとづき条例で罰則規定を設けることが一般的ですが，当該地方自治法の条文が，あまりにも簡潔であるため，この法律の規定は31条（罪刑法定主義）や73条6号（命令への罰則の一般的委任の禁止）に違反しないかが問題になります。

　これについては，31条の罪刑法定主義は厳密に貫かれるべきであって，条例への罰則事項の一般的・包括的委任は許されないとする見解もありますが，多数説は，条例は実質的に法律と見なしうるとか，罰則の条例への委任にも，73条6号の規定は及ぶが，条例という地方自治立法の性格上，委任の程度は比較的緩やかでよいとか，憲法により条例制定権が認められている以上，その実効性を担保するために罰則を設けることができるのは当然であるとするなどの理由で，地方自治法14条3項は合憲であるとしています（最大判昭37・5・30刑集16巻5号577頁）。

　(b) 国の法律との関係　① 当該事項につき，すでに法律がある場合　条例が法律と矛盾する規定を設けることは許されませんが，法律の規定が国全体としての維持すべき必要最低限度の基準と解される場合には，条例が地域の実情を考えて，それ以上の基準を設定しても許されます（いわゆる上乗せ条例）。また，同一事項につき条例が法律と異なる目的で規制する場合にも許される場合があります（いわゆる横出し条例）。

　② 当該事項につき，法律が存在しない場合　法律が存在しないということが，当該事項については，国が規制を一切しないという趣旨であれば，条例で規制を加えることは許されません。しかし，法律が存在しないことが，国が画一的に規制するのではなく，地方の実情に委ねている場合には，条例による

規制は許されます(最大判昭50・9・10刑集28巻9号489頁)。

4　住民の権利

　地方自治は，団体自治だけでは，必ずしも住民の意思にそった政治が行われる保障はありませんので，団体自治の基礎としての住民自治が不可欠です。憲法は，この趣旨を受けて，以下のような住民自治の権利を保障しています。

(1)　議会の議員，地方公共団体の長などの選任権（93条2項）

　地方自治においても，代議制が原則とされていますので，住民には議員や首長の選任権が保障されています。ここにいう住民に，永住資格を持った外国人が含まれるか否かについて，大阪地裁判決（平5・6・29）は，「憲法93条2項所定の『住民』を，憲法15条の『国民』とは別個の概念としてとらえるのは適切ではなく」，右住民は日本「国民」であることがその前提となっているとしてこれを否定しました。

　しかし，最高裁判決は，15条1項の規定との関係から，これを地裁判決と同様に否定的に解しましたが，ただし立法により認めることまでは否定されていないとして，次のように判示しています。

COLUMN

定住外国人の選挙事件（最判平7・2・28民集49巻2号639頁）

　わが国に在留する外国人のうちでも永住者等であってその居住する区域の地方公共団体と特段に緊密な関係を持つに至ったと認められるものについて，その意思を日常生活に密接な関連を有する地方公共団体の公共的事務の処理に反映させるべく，法律をもって，地方公共団体の長，その議会の議員等に対する選挙権を付与する措置を講ずることは，憲法上禁止されているものではないと解するのが相当である。しかしながら，右のような措置を講ずるか否かは，専ら国の立法政策にかかわる事柄であって，このような措置を講じないからといって違憲の問題を生ずるものではない」

しかし，立法により，外国人の住民に地方議会の議員などの選挙権を与えることは，15条1項の「国民主権」の原則から疑問であるとの指摘も根強くなされていますので，慎重に考慮すべき問題と思われます。

(2) 地方特別法制定に対する同意権

95条は，「一の地方公共団体にのみ適用される特別法は，法律の定めるところにより，その地方公共団体の住民投票においてその過半数の同意を得なければ，国会は，これを制定することができない。」と定めています。その趣旨は，一般に法律はすべての地方公共団体に平等に適用されるものですが，特定の地方公共団体にのみ例外的に適用される特別法が制定される場合がないわけではないので，その場合には，当該住民の意思を尊重しようとするものです。しかし，ここでいう地方特別法とは何かについては，必ずしも明確ではありませんが，特定の地方公共団体の組織・運営の基本事項につき他と違った扱いをする法律を意味するものと一般には理解されています。そして，これまで，広島平和記念都市建設法，長崎国際文化都市建設法，国際文化観光都市建設法（奈良，京都，松江）などが制定されています。しかし，これまでに制定された地方特別法は，地方公共団体にメリットを与えるものであり，ひいては，その住民に利益になるものであったことより，今までに住民投票において，当該特別法が否定されたケースは一度もなく，その立法趣旨はかなり疑問とされています。

(3) 直接請求権

住民自治の実をあげるために地方自治法上，下記の各権利が住民に認められています。

5　地方の時代

(1) 地方分権の推進

行きすぎた中央集権体制の弊害がかねてから指摘されており，その是正が急務となっていましたが，ようやく平成7年5月に国に対して地方自治体への権

14 地方の時代は来るのか？

各種の直接請求権

種　類	請求先	請求要件	受理機関の処理義務
条例の制定改廃請求	首長	有権者総数の1/50以上	議会に付議（過半数で可決），結果公表
事務監査請求	監査委員	同上	監査結果の公表
議会の解散請求	選挙管理委員会	有権者総数の1/3以上	住民投票の過半数の賛成で解散
議員の解職請求	同上	選挙区有権者総数の1/3以上	住民投票の過半数の賛成で解職
長の解職請求	同上	有権者総数の1/3以上	同上
主要公務員の解職請求（副知事，助役，出納長等）	首長	同上	議会にかけ，議員の2/3以上の出席かつその3/4以上の賛成で解職

COLUMN

条例の制定改廃請求（地方自治法12条1項・74条）

　最近の住民意識の向上や地方行政に対する不満などから，各地で住民投票条例の制定を求める動きが高まっています。そして，これらの動きに押されて，各地で住民投票条例が制定され住民投票が実施されました。主なものは，新潟県巻町の原発建設（平成8・8・4），沖縄県米軍基地の整理・縮小（平成8・9・8），岐阜県御嵩町の産廃処理場建設（平成9・6・22），徳島市の吉野川河口堰建設（平成12・1・23）などの原発，基地，公害，環境などがその対象になっており，住民投票の結果，建設反対票や基地縮小賛成票が過半数を占めています。住民投票自体には，地方自治法上の法的拘束力はありませんが，自治体に与える影響は重大といえるでしょう。もっとも，神戸市のように，30万票もの住民投票を求める署名に対して，市議会がそれを拒否して，住民投票条例が制定されなかったケースもありますので，住民投票と議会あるいは行政との関係，住民投票の対象に何を含めるのか，住民投票において住民が党派的利害を超えて冷静に判断できるのかといった困難な問題があり，住民投票を地方自治の中にどう位置づけるのかは慎重な見極めが必要と思われます。

限の委譲を行うことを義務づけた地方分権推進法が成立しました。そして，同法により設置された地方分権推進委員会は，平成8年から10年にかけて1次から5次にわたる一連の勧告を行いました。勧告は，①国と地方の新しい関係（従前の地方公共団体の事務を自治事務として，一本化するとともに，機関委任事務を廃止し，これに代えて，法定受託事務を設けること，国から地方への権限委譲の推進，国の関与の廃止・縮減），②国と地方との新しいルール（国の関与のルールを法定化・類型化すること，国と地方公共団体との係争処理の仕組みを定めること），③都道府県と市町村との新しい関係（都道府県の市町村への権限委譲ならびに関与の縮減），④国庫補助負担金の整理合理化と地方税財源の充実確保，⑤地方公共団体の行政体制の整備・確立，⑥必置規制の見直しと国の地方出先機関の見直しを骨子とした内容となっています。

　こうした勧告を受けて，平成11年7月に「地方分権の推進を図るための関係法律の整備等に関する法律（地方分権推進一括法）」が制定され，地方自治法，国家行政組織法をはじめ全省庁にわたる475もの法律の一括改正を行いました。これらの改正により，機関委任事務を廃止するとともに，地方公共団体の三事務の区分も廃止し，自治事務と法定受託事務に再構成しました。また，国と地方との新しいルールも法定され（法定主義），国が地方に関与できる場合の基準が明定され（必要最小限度の原則，公正・透明の原則），新たに国・地方公共団体の紛争処理方式が決められました。この結果，地方の時代への基盤は大きく整備されたといってよいでしょう。

　しかし，こうした地方公共団体への権限の委譲の反面，住民の意思と分離した地方行政の独走が新たに懸念されます。地方行政を真に住民のものにするためにも，地方議会の権限の強化，議事運営の改善とともに，住民自身が地方政治に関心を持ち，参加できるシステムの強化拡充も必要になってくるでしょう。

(2) 地方自治と財政

　地方自治にかかる経費を捻出するための財源は次図に示す通りです。

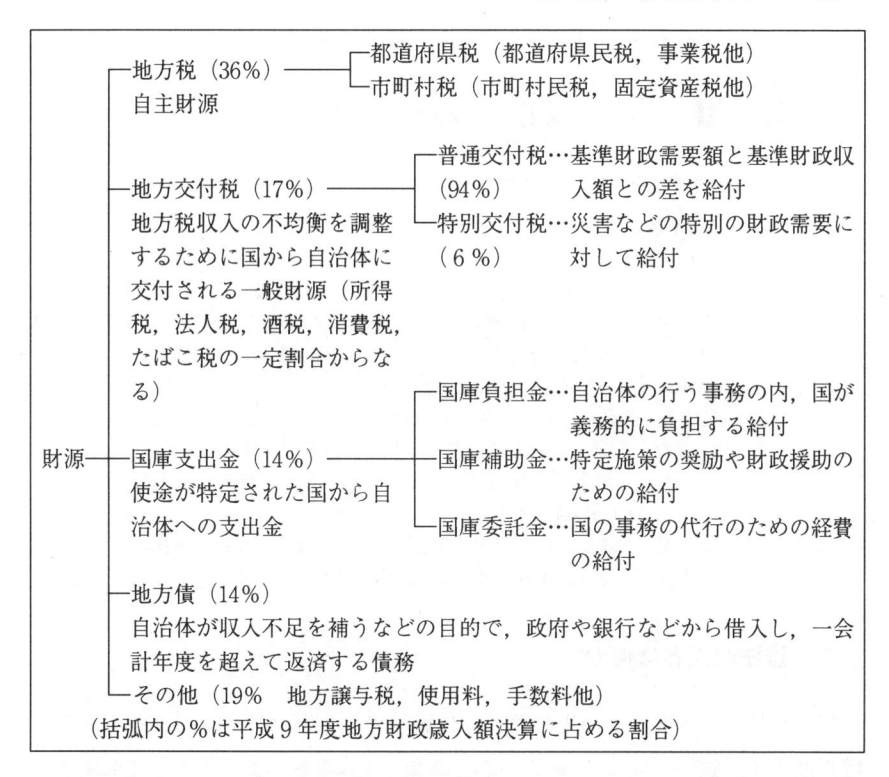

```
┌─ 地方税（36%）──────┬─ 都道府県税（都道府県民税，事業税他）
│   自主財源          └─ 市町村税（市町村民税，固定資産税他）
│
├─ 地方交付税（17%）──┬─ 普通交付税…基準財政需要額と基準財政収
│   地方税収入の不均衡を調整  │ （94%）    入額との差を給付
│   するために国から自治体に ├─ 特別交付税…災害などの特別の財政需要に
│   交付される一般財源（所得  └ （6%）    対して給付
│   税，法人税，酒税，消費税，
│   たばこ税の一定割合からな
│   る）
│                      ┌─ 国庫負担金…自治体の行う事務の内，国が
財源┤                  │            義務的に負担する給付
│  ├─ 国庫支出金（14%）├─ 国庫補助金…特定施策の奨励や財政援助の
│   使途が特定された国から自 │            ための給付
│   治体への支出金      └─ 国庫委託金…国の事務の代行のための経費
│                                     の給付
├─ 地方債（14%）
│   自治体が収入不足を補うなどの目的で，政府や銀行などから借入し，一会
│   計年度を超えて返済する債務
└─ その他（19%　地方譲与税，使用料，手数料他）
（括弧内の%は平成9年度地方財政歳入額決算に占める割合）
```

　上記の図から分かるように自治体がその課税権に基づいて徴収できる本来の自主財源は，財源全体の4割以下であって，それ以外の大半は，地方交付税などの依存財源により補充されているというのが実態です。その結果，地方自治体は安易に地方交付税や補助金に依存する財政体質になっています。地方自治体の借入金残高は187兆円（平成12年度末）の巨費に達しており，危機的状況に陥っています。

　自治体がこのような中央依存体質や借金漬けから脱却し，地方の時代を文字どおり実現するには，自主財源を確立することが重要であって，そのためには，地方交付税の財源の地方移管や国庫支出金の抜本的見直しなどを早急に行う必要があります。また，それとともに，自治体には経費の削減などの自己責任による財政運営が求められています。

15 ■ 憲法改正は必要か？

【関連条文】
（上　諭）
　朕は，日本国民の総意に基いて，新日本建設の礎が，定まるに至つたことを，深くよろこび，枢密顧問の諮詢及び帝国憲法第73条による帝国議会の議決を経た帝国憲法の改正を裁可し，ここにこれを公布せしめる。

第96条【改正の手続，その公布】
① この憲法の改正は，各議院の総議員の三分の二以上の賛成で，国会が，これを発議し，国民に提案してその承認を経なければならない。この承認には，特別の国民投票又は国会の定める選挙の際行はれる投票において，その過半数の賛成を必要とする。
② 憲法改正について前項の承認を経たときは，天皇は，国民の名で，この憲法と一体を成すものとして，直ちにこれを公布する。

1　憲法改正とは何か

　毎年5月になると，思い出したように憲法のことがマスコミによって取り上げられます。憲法に対する国民の意識調査（世論調査）は，今日では全国紙の重要な任務であると思われるほどです。

　確かに憲法96条1項は，「この憲法の改正は，各議院の総議員の3分の2以上の賛成で，国会が，これを発議し，国民に提案してその承認を経なければならない。この承認には，特別の国民投票又は国会の定める選挙の際行はれる投票において，その過半数の賛成を必要とする」と規定し，また同2項には，「憲法改正について前項の承認を経たときは，天皇は，国民の名で，この憲法と一体を成すものとして，直ちにこれを公布する」としています。

　しかしながら，憲法改正の規定はこの条文1ヵ条のみであって，憲法改正をより具体的に実施する法律等はいまだ制定されていません。戦後の日本では，憲法改正についてイデオロギーからの対立ばかりが目立ち，改正そのものの意義や目的が冷静に思考され，議論されてきたとはとうていいえない状況にあり

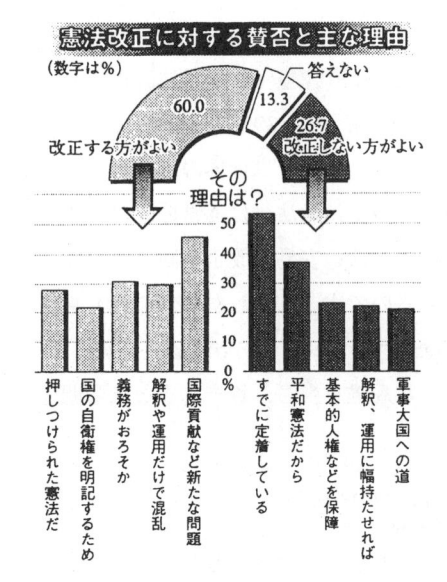

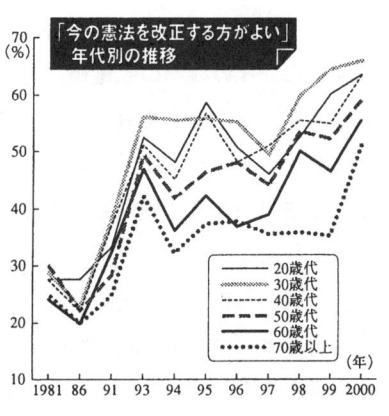

憲法改正に対する賛否と主な理由
（数字は%）
60.0　改正する方がよい
13.3　答えない
26.7　改正しない方がよい

その理由は？

改正する方がよい：
- 押しつけられた憲法だ
- 国の自衛権を明記するため
- 義務がおろそか
- 解釈や運用だけで混乱
- 国際貢献など新たな問題

改正しない方がよい：
- すでに定着している
- 平和憲法だから
- 基本的人権などを幅持たせれば保障
- 解釈、運用に幅持たせれば
- 軍事大国への道

「今の憲法を改正する方がよい」年代別の推移

20歳代／30歳代／40歳代／50歳代／60歳代／70歳以上

『読売新聞』2000年4月15日

ます。護憲論者と改憲論者のそれぞれの論拠，「押し付け憲法論」の妥当性，自主憲法制定論の根拠など検討課題は豊富です。

ところで，これらの議論に巻き込まれる前に，私たち自身が憲法という「法」とどのような関わりを有しているのか，憲法は私たちにとって一体全体何なのか，冷静に考えてみる必要があると思います。つまり，憲法という法は，私たち国民の「生活目的」なのか，それとも生活をより良くするための私たちの「生活手段」なのか，ということです。さらに言い換えるならば，憲法のために私たちの国民生活があるのか，私たちの国民生活をよりよくするために法である憲法があるのか，ということを考えることです。護憲と改憲，いずれにせよ極端なイデオロギーに偏った主張は弊害であるばかりでなく，私たち日本人の生活には何の利益も生み出さないことを国民全員がそろそろ自覚するべきではないでしょうか。

(1) 憲法改正の意味

96条で規定されるように，憲法改正とは憲法典に定められた改正手続に従って，憲法上の条文を変更（修正・削除・追加・増補）することを意味します。

ところで，憲法には，高度の安定性が要求されています。憲法は国家の根本法ですから，その時々の政権担当者の意図により，憲法が簡単に改正されることは法体系全体の変更をもたらし，さらは国家・社会の不安定要因として大きな影響を与えることになります。したがって，今日では世界のほとんどの国々が成文憲法中のとくに硬性憲法を採用していて，憲法には通常の法律改正等よりもより厳格な改正手続を定めています。憲法の安易な改正を防止することにより，国家，国民生活の安定を図っているのです。しかしがら，これも厳格になりすぎると（つまり，憲法改正がまったくできないという状況が長く続くと），憲法内容と現実の国民生活との間に大きな乖離を生じ，さまざまな社会問題が

世界各国の憲法改正状況

憲法改正の実際（1940年代までの憲法を中心に）

憲法制定年	国　名	改正の実際
1787年	アメリカ	1992年までに18回，27か条の追補
1814年	ノルウェー	1995年までに139回，256か条の改正
1831年	ベルギー	大きく5次の改正，1993年の連邦制導入で大改正
1868年	ルクセンブルク	1983年までに9回改正
1874年	スイス	1997年4月現在，132回改正
1901年	オーストラリア	1988年までに8回改正
1917年	メキシコ	1988年までに81回改正
1919年	フィンランド	複数の憲法典からなり，頻繁な改正
1920年	オーストリア	1975年から84年だけで15回改正
1921年	リヒテンシュタイン	1986年までに11回改正
1922年	ラトビア	1993年に復活
1937年	アイルランド	1996年までに16回改正
1944年	アイスランド	1984年までに3回改正
1945年	インドネシア	1959年に復活
1946年	日本国	無改正
1947年	台湾	1997年までに4回追補
	イタリア	1993年までに6回改正
1949年	ドイツ	1998年までに46回改正
	コスタリカ	1971年から81年だけで9回改正
	インド	1992年までに74回改正
1958年	フランス	1999年1月現在11回改正

資料　西修『日本国憲法を考える』文春文庫より引用。

出現してきます。そこで、社会の変化に対応できるための憲法の可変性を示すのが、その改正規定であるということができます。憲法の安定性と可変性のバランスをいかにとるかは大変難しい問題ですが、日本国憲法にもその改正手続があることを確認し、その安定性のみならず可変性をも含んでいることを認識しておきましょう。

ところで、現実の日本国憲法の場合、制定以来まだ一度も改正されてきていません。これを単に「改正してこなかった」と見るか、「改正できなかった」と見るかは個々人によって見解の相違があると思われます。しかし、問題はより深刻であると考えます。わが国では、憲法内容と現実の国民生活との間に大きな乖離が生じるあまり、「解釈改憲」と呼ばれるような状況までも生じています。また「憲法の変遷」という問題も無視できない事柄です。私たち日本人一人ひとりが憲法改正について真剣に考えなければならない時期にきている、といえるでしょう。

(2) 日本国憲法の改正手続

(i) 改正手順と発案

憲法96条1項の規定からすれば、①国会議員による憲法改正案提出→②議院の受理→③審議→④議決→⑤他院への送付→⑥審議→⑦議決→⑧国会としての発議の議決→⑨国民投票→⑩国民の承認→⑪天皇の公布、という手順が一応考えられます。ただし細部について見ると、意見の異なる部分も見受けられます。

まず、国会議員による憲法改正案がどちらかの議院に提出されます。議案の発案権を国会議員が有することは明らかですが、内閣が同じくこれを有するかは疑問とされます（榎原）。否定説は、「国会が、これを発議し」という憲法文言を忠実に解釈し、また憲法改正というきわめて国家の重要事項であるが故に、内閣の発案権を含まないと解釈します。他方、肯定説は国務大臣の過半数が国会議員であること（68条1項）、内閣提出議案であったとしても最終的に国会の場でその採否を議決すること（59条1項）などから、内閣の発案権を否定する意味がないと考えます。肯定説が有力説もしくは多数説と解されますが（抱、内野②）、ただし、内閣が積極的に憲法改正をリードすることに対しては、国

民のなかに何か不安や抵抗が生じることも十分に予測されます（和田）。

(ii) 国会の議事と議決

次に，国会の発議の議決について，まず国会議員が憲法改正案を提出し，議事に入ります。憲法改正案の議事に関する特別の規定がないので，法律案に準じて行われるものと思われます。ただし，議事の定足数が議院の総議員の3分の1なのかどうかは（56条1項参照）不明です。議事が尽くされると最後に議決が行われます。このとき各議院でそれぞれ総議員の3分の2以上の賛成をもって，国会の発議が成立することになります。問題は，このときの総議員の数について，各議院の「法定議員数」を意味するのか，もしくは欠員を含まない「現に各議院に在職する議員数の総数」を意味するのか，明確ではありません。憲法改正という極めて重要な案件の処理ですから，後者の現議員数ではなく，当然に各議院の法定数を意味するという意見もありますが，この点については明確ではありません。

次に，各議院で同一内容の憲法改正案が可決されると，国会としての発議が成立したことになります。

(iii) 国民の承認

そうすると，国民の承認を求める必要から国民にこれが提案されます。そのための手段としては，「国民投票」という方法がとられます。ここでの問題としては，憲法改正のための過半数の賛成の意味として，「有権者総数の過半数」「無効投票を含めた投票総数の過半数」および「有効投票総数の過半数」かが指摘されます。多数説は，「有効投票総数の過半数」の賛成による承認とされています。

またこの国民投票では，憲法条文を個々別々に承認を求めるべきか，他方，一括で求めるべきかも議論されるところです（内野）。ともかくも憲法改正は，国民主権原理が直接的に発動する重要なものと位置づけられていますが，しかし，いまだにこのための法律は制定されていません。したがって，実際にどのような方法で国民投票が行われるのかは，本当のところは不明です。

(iv) 天皇の公布

こうして憲法改正議案が国民投票で過半数の賛成を得ると，最後に天皇はこれを「国民の名」で公布します。天皇の公布とは形式的行為と解され，憲法改正そのものについては何らの影響を有するものではありません。「国民の名」とは，主権者である国民の意思により憲法改正が行われることを意味します。

2　憲法改正の限界

　憲法改正に関連して，その改正はどこまでできるのか，という点で意見が分かれます。改正は，限りなくどこまでもできるとする考え方と，どんなことがあっても絶対に改正できない条文や項目があるという考え方，とがあります。現行のフランス第5共和制憲法やドイツ連邦共和国憲法は，一定の条項や制度について改正禁止を明示する規定を有していますが，日本国憲法でもいわゆる「基本原理」については，どんなことがあっても改正できないものと一般的には考えられています。かつては法実証主義の立場から，憲法改正には法理上の限界がない，とする考え方が主流でしたが，戦後のとくに「自然法」の見直しから，このように憲法改正には限界があるとする学説が支配的となっています。

　しかしながら，改正できる事項とできない事項との区別を誰がするのか，いくら改正できないといっても，憲法文言それ自体の変更は可能であり，もし改正されたときはその憲法の効力はどうなのか，解答は容易ではありません。日本国憲法の制定過程を参考にしながら，この点の考え方を見てみましょう。

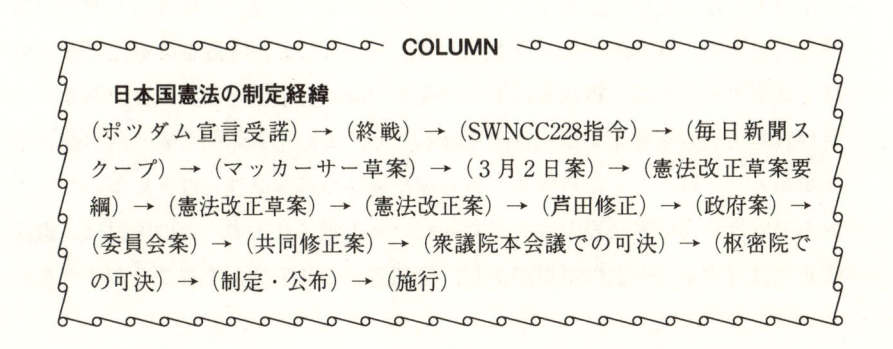

COLUMN

日本国憲法の制定経緯

（ポツダム宣言受諾）→（終戦）→（SWNCC228指令）→（毎日新聞スクープ）→（マッカーサー草案）→（3月2日案）→（憲法改正草案要綱）→（憲法改正草案）→（憲法改正案）→（芦田修正）→（政府案）→（委員会案）→（共同修正案）→（衆議院本会議での可決）→（枢密院での可決）→（制定・公布）→（施行）

(1) 憲法改正無限界説と憲法改正限界説

(i) 憲法改正無限界説の論拠

　この学説は、「憲法改正権と憲法制定権の区別も憲法を超えた法原理の存在も認めず、憲法規範に価値序列はないとして憲法改正に内容的な限界を認めない説」（西浦）のことです。論拠としては、次のような事由があげられます。①憲法といえど法であり、法はわれわれの社会生活の手段にすぎないものです。したがって、社会生活の変化に伴い不都合が生じた法は、どのようにでも改正されるべきと考えます。②憲法条文はどの条文も等しく、改正可能条文と改正不可能条文とを区別すること自体ができないことと考えます。③憲法改正権は、憲法を改正できる最高の法的権力ですから、まさに憲法制定権力と本質的に同一のものであり、したがって憲法改正権には法的限界がないと考えます。④憲法制定時の主権者の意思でもって将来の主権者の意思を拘束することは不可能なことと考えます。そして⑤主権者は国民ですから、その国民の意思に従えば、どんな憲法条項（憲法内容）でも改正することは可能であると考えます。

(ii) 憲法改正限界説の論拠

　憲法改正限界説とは、「憲法改正権と憲法制定権とを区別し、憲法改正権の本質は制度化された憲法制定権で有り、憲法改正という形式をとる限り改正権の前提となる憲法制定権を侵すことはできず、既存の憲法との基本的同一性を維持しなければならないとする説」（西浦）です。つまり、①憲法改正権と憲法制定権とをまず区別すること、②憲法改正権がそもそも憲法制定権力によって制定された憲法中に認められているのであるから、自らを生み出したその憲法を否定するような改正はできないと考えられること、③既存の憲法の基本原理を変更することは、憲法そのものの基本的同一性を否定することであり、これは新憲法制定を意味すると考えられること、また④具体的な憲法内容改正禁止事項としては、とくに自然法上の原理や憲法の基本原理に重きを置いて、これらの内容を含む憲法規定は改正できないと主張されます。この学説は、憲法改正には自ずから一定の限界があり、無制限にこれを改正することができない、というものです。

(2) 日本国憲法制定の法理

(i) 明治憲法改正説

　この学説は，佐々木惣一・大石義雄両博士によって論じられたものであり，憲法改正無限界説の立場から，日本国憲法制定について解釈されるものです。一応は，今日の公権的解釈とされるものです。学説の論拠としては，①日本国憲法の草案は，明治憲法の改正案であったこと，②明治憲法73条の定めるところにより，第90帝国議会に勅命をもって付議され，その審議・議決により天皇の裁可を経て成立したものであり，国務大臣の補弼，枢密顧問への諮詢，また公布の形式も明治憲法の所定の手続に従って行われたこと（憲法の「上諭」で明示している），③現実と形式的側面に重点を置いた解釈であること，が上げられます。またこれらの点から，憲法改正という手続により，かつての統治権の総攬者が象徴的地位に変更され得たように，およそ憲法には改正の限界がなく，しかもまた両憲法間には手続上においても法的連続性がある，と説明されます。

　もっともこの学説への批判もあります。たとえば，①あまりにも形式的手続面のみを重視して，制定過程の実体や両憲法の内容の相違を無視しすぎていること，②日本民族不動の確信であった「国体」が日本人固有の自由意思によらずに変革されたことに対して答えていない，というような批判がなされています。

(ii) 八月革命説

　この学説は，宮沢俊義教授によって論じられたもので，憲法改正限界説の立場に立った日本国憲法制定についての解釈です。憲法学界では，従来は通説として評価されてきましたが（内野），最近では支持者が減少しているように思われます。ところで，学説の論拠としては，①明治憲法から日本国憲法への移行は，天皇主権から国民主権への変更であり，これは憲法改正の限界を逸脱していること，②ポツダム宣言10項・12項を根拠として，同宣言中に表わされた「国民主権主義」により，日本はそれまでの天皇主権から根本的に変革したのであり，日本では昭和20年8月14日に「法的に一種の革命」が起きたと考えられること，③ポツダム宣言の受諾により，明治憲法は内実的意味を失ったこと，などがあげられます。この学説では，改正限界説を基本にすることにより，明

治憲法と日本国憲法との法的連続性を否定します。

　この学説への問題点も当然に指摘されています。つまり①国際法たるポツダム宣言がただちに国内法的効力を有するのか、②同宣言では、何ら国民主権主義を明示していないのに、無理に国民主権主義を要求していたという前提で論じられていること、③「法的に一種の革命」が起きたと主張されるが、政治的・社会的現象から見ても、明治憲法下の状況とその後の日本国憲法下の状況との間に根本的な変化（たとえば、天皇制の否定など）は何も生じていないこと、などが指摘されています。

(3) 日本国憲法における改正の限界

　(i) 憲法の基本原理　　ところで、日本国憲法そのものにおける改正の限界については、私たちはどのように考えればいいのでしょうか。まず憲法改正限界説の立場を支持する学者の中でも、日本国憲法のどの項目が改正不可能かということについては、必ずしも一致していないと言われています。「一般的には、国民主権、平和主義、基本的人権の保障に係わる条項は改正の対象とはならないと解されている。一方、改正無限界説のなかには憲法が改正を禁止する旨を定めた規定があればその条項については改正ができないと解する立場がある。これによれば、国民主権を含む民主主義の原理、9条1項、基本的人権の保障に関する事項につき改正が禁止されている」（抱）と説明されています。また同じように「国民主権原理やそこから論理必然的に出てくる帰結としての基本的人権の保障については……憲法の規定の趣旨からしても改正の対象にしえないことについては異論がない（ただし、人権の個々の条項についてそのすべての改正ができないという訳ではない。）。平和主義については憲法の基本原理であるのでその原理自体は改正しえない……9条2項の非武装規定を改正対象とすることができるかどうかについては見解がわかれている」（和田）という説明も見られます。

　(ii) その他の改正禁止事項　　さらに憲法改正手続規定自体の改正が既存の憲法において許されるのか、憲法の性質を硬性憲法から軟性憲法へと改正し得るのか、国民投票制度を改正し他の制度に変更し得るのか、などの問題点も指

摘されています。これらの諸点について，憲法改正限界説の立場からは消極的な意見が出されますが，しかし，これらの諸点が憲法改正それ自体の本質的障害になっていること（とくに96条は厳格すぎるという意見からすれば）も見落としてはならないでしょう。

3 憲法の変遷

　憲法の変遷とは，憲法と現実との乖離が生じた場合に，正式の憲法改正手続によらずに，むしろ違憲の立法や判決によって，憲法条文はそのままであるにもかかわらず，憲法の意味が本質的に改正されたのと同じ程度に変更されてしまうことをいいます。言い換えると，憲法規範に反する現実（憲法現実）がある一定の段階に達したとき，憲法改正をしたのと同じ法的効果を認めることができるのかどうか，という問題です。

（i）肯定説（慣習法説）

　肯定説は，そうした現実（憲法現実）の継続，反復およびそれに対する国民の同意が認められるならば，憲法改正と同様の効力を認めようとします。

（ii）否定説（事実説）

　これに対して否定説は，このような現実（憲法現実）は違憲の事実にすぎず，効力はまったく認められないと考えます。

　憲法9条変遷説と自衛戦力合憲論との関係で，過去において注目を集めましたが，否定説はもちろんのこと，肯定説でさえも現実を支持する社会的規範意識を消極的に解釈してきました。しかしながら，自衛隊のPKO活動や国内における災害救助活動の積み重ねから考えると，自衛隊そのものの憲法違反という学説は駆逐されつつあるように思われます。

（iii）習律説

　その他，憲法の変遷を「習律」として一定の規範性を認める考え方もあります。この説は，慣習法としての法的性格を認めるものではないが，他方，生じる現実を違憲の事実として否定するものでもなく，習律と見なすというものです。

COLUMN
戦後日本の憲法改正運動史
憲法状況の変遷
（NHK放送世論調査所「図説　戦後世論史」日本放送出版協会など）

各時期の特色
- ●…憲法をめぐる争点
- 太字は時期区分の起点

〈世論調査の凡例〉
- Y…読売新聞
- S…総理府
- A…朝日新聞
- N…日本放送協会
- J…時事通信社
- □ 憲法改正賛成
- □ 反対
- □ その他

年表

悲惨な戦争体験による恒久平和への希求
- ●国体護持
- **1941年　大西洋憲章**
- 1945年　日本敗戦。国連発足
- 1946年　天皇が神格を否定。憲法公布

冷戦の開始により米国政策が転換
- ●自衛隊の保持
- **1947年　トルーマン＝ドクトリン**
- 1948年　米陸軍長官が「日本を反共の防壁に」と演説

朝鮮戦争勃発により自衛力の保持
- ●戦力なき軍隊
- **1950年　朝鮮戦争。警察予備隊創設を指示**
- 1951年　社会党が再軍備反対。占領諸法令の見直し開始

独立にともない再軍備論、占領政策の是正論、自主憲法制定論がさかん
- ●集団的自衛権　・伊達判決
- **1951年　対日平和条約に調印**
- 1955年　保守合同
- 1956年　日ソ共同宣言。国連加盟
- 1960年　日米安保条約改定

60年安保の経験から経済優先の転換策を発表
- ●核抜き本土なみ　非核3原則
- **1960年　自民党が所得倍増政策を発表**
- 1970年　核不拡散条約に調印
- 1971年　沖縄返還協定に調印

米中関係、日中関係の改善から平和時の防衛力の限界と対アジア政策の調整、非軍事大国
- ●稲葉法相の欠陥憲法論
- **1971年　ニクソン＝ショック**
- 1972年　日中国交正常化
- 1976年　防衛計画の大綱決定

新冷戦によりロン・ヤス路線、後半は緊張緩和
- ●中曽根首相の靖国神社の公式参拝
- **1976年　ソ連のアフガニスタン侵攻**
- 1986年　ゴルバチョフが核廃絶を提案

冷戦構造の崩壊にともない国連の集団的安全保障システムに転機日本が政治大国へ意欲
- ●多国籍軍への協力
- **1989年　ベルリンの壁崩壊**
- 1990年　カンボジア平和東京会議。ドイツ統一。パリ憲章に署名

地域紛争、民族紛争への対応が課題、ガリ提案は従来の国連の役割を変えるもの
- ●国際貢献論と憲法の限界、自衛隊の海外派遣
- **1990年　イラクのクウェート侵攻。国連平和協力法案廃案**
- 1991年　湾岸に90億ドル追加拠出
- 1992年　自衛隊がカンボジアへ

世論調査

西暦	0 (%)		100
1952 Y	47	17	
1955 Y	41	33	
1955 S	26	31	
1955 A	30	25	
1957 S	24	24	
1957 Y	44	32	
1957 A	27	31	
1962 N	20	21	
1962 A	27	38	
1965 N	23	24	
1971 N	36	31	
1974 N	31	36	
1980 J	30	30	
1986 Y	23	57	
1991 Y	33	51	
1993 Y	50	33	
1994 Y	44	40	

「最新図説　政経」浜島書店より引用

日本国憲法に対する主要改憲試案一覧

(発表年代順。カッコ内に発表年月日，収録文献等を示す)

試案提出者	試案名	発表年	収録文献名
憲法研究会 (代表 神川彦松)	日本国自主憲法試案	昭30・1・15	勁草書房より同名の書として発行
憲法研究会 (代表 大西邦敏)	新日本国憲法草案	昭31・5・23	日本評論社，昭31・6・25発行，別冊法律時報『憲法改正』211頁以下に収録
自由民主党憲法調査会	憲法改正の問題点	昭31・5・29	前掲・別冊法律時報『憲法改正』194頁以下に収録
里美岸雄	大日本国憲法案	昭39・4・10	里美岸雄『憲法・典範改正案』錦正社発行に収録
大石義雄	日本国憲法改正試案	昭39・7	憲法調査会報告書付属文書第1号付録「憲法調査会における各委員の意見」735頁以下に収録
神川彦松	日本国民憲法試案	昭39・7	前掲・憲法調査会報告書付属文書第1号付録，753頁以下に収録
広瀬久忠	日本国憲法改正案	昭39・7	前掲・憲法調査会報告書付属文書第1号付録，681頁以下に収録
稲葉 修(自由民主党憲法調査会長)	憲法改正大綱草案 (=俗称「稲葉試案」)	昭46・6・16	大石義雄編『改憲の大儀』昭54・8・15，嵯峨野書院，570頁以下に収録
憲法の会 (会長 太田耕造)	憲法是正要綱	昭46・6・16	前掲『改憲の大儀』574頁以下に収録
小森義峯	大日本国憲法草案	昭56・9・20	『産大法学』15巻2号に発表，小森義峯『憲法改正への王道』昭和63・4・29，ヒューマンドキュメント社発行，262頁以下，その他に収録
西部 邁	日本国憲法改正試案	平3・6・30	西部邁『私の憲法論』徳間書房発行，223頁以下に収録
梶山 茂	日本国憲法改正(梶山)試案	平3・11・3	梶山茂『読めばわかる「憲法改正」』近代文芸社発行，209頁以下に収録
小林 節	日本国憲法改正私案	平4・3・5	小林節『憲法守って国滅ぶ』KKベストセラーズ発行，43頁以下に収録
自主憲法期成議員同盟・自主憲法制定国民会議	日本国憲法改正草案	平5・4・24	自主憲法期成議員同盟・自主憲法制定国民会議編『日本国憲法改正草案―地球時代の日本を考える―』現代書林発行，16頁以下に収録
日本を守る国民会議	新憲法の大綱	平6・4・30	日本を守る国民会議『日本国新憲法制定宣言』徳間書店発行，45頁以下に収録
読売新聞	憲法改正試案	平6・11・3	読売新聞社編『憲法 21世紀に向けて』平6・11・28，読売新聞発行，22頁以下に収録
木村睦男	平成新憲法	平8・5・3	木村睦男『平成の逐条新憲法論』善本社発行，13頁以下に収録
竹花光範	新日本国憲法試案	平9・4・8	竹花光範『憲法改正論への招待』成文堂発行，128頁以下に収録
早川忠孝	日本国基本法(平成憲法)試案	平11・9・13	早川忠孝『新しい憲法を創る』かんき出版発行，135頁以下に収録

小森義峯『正統憲法復元改正への道標』国書刊行会・2000年より引用

引用文献（略語表）

芦部：芦部信喜『憲法新版』岩波書店，1997年
内野①：内野正幸『新版憲法解釈の論点』日本評論社，1997年
内野②：内野正幸「自己決定権と平等」『岩波講座現代の法14　自己決定権と法』岩波書店，1998年
榎原：榎原猛『憲法─体系と争点』法律文化社，1986年
大石(眞)：大石眞『立憲民主制』信山社，1996年
大石(義)：大石義雄『日本国憲法論』嵯峨野書院，1979年
奥平①：奥平康弘「人権体系及び内容の変容」ジュリスト638号，1977年
奥平②：奥平康弘「国政調査権」自由と正義27巻10号
抱：土居靖美・伊藤公一編著『憲法学基本論』（抱喜久雄執筆）北樹出版，1991年
清宮：清宮四郎『憲法Ⅰ［第三版］』有斐閣，1979年
小林(昭)：小林昭三『日本国憲法の条件』成文堂，1987年
佐藤(幸)①：佐藤幸治『憲法［第三版］』青林書院，1995年
佐藤(幸)②：佐藤幸治「憲法学において自己決定権をいうことの意味」法哲学年報，1989年
佐藤(幸)③：佐藤幸治「『法の支配』の意義を再考する」法学教室182号，1995年
阪本：阪本昌成『憲法2　基本権クラシック』有信堂高文社，1999年
角田：角田由紀子『性の法律学』有斐閣選書，1991年
戸波：戸波江二「校則と生徒の人権」法学教室96号，1988年
中谷：中谷実編『ハイブリッド憲法』（中谷実執筆）勁草書房，1996年
中村：中村睦男『論点憲法教室』有斐閣，1990年
西：西修『日本国憲法を考える』文春新書，1999年
西浦：中谷実編『ハイブリッド憲法』（西浦公執筆）勁草書房，1996年
野畑：野畑健太郎「政党国家」小林昭三＝土居靖美編『日本国憲法論』嵯峨野書院，2000年
樋口(範)：樋口範雄「患者の自己決定」『岩波講座現代の法14　自己決定権と法』岩波書店，1998年
樋口(陽)：樋口陽一ほか『注釈日本国憲法　下巻』（樋口陽一執筆）青林書院，1988年
松井：松井茂記「自己決定権」長谷部恭男編『リーディングズ現代の憲法』日本評論社，1995年
丸山：丸山健『政党法論』学陽書房，1976年
宮沢：宮沢俊義『憲法Ⅱ［新版］』有斐閣，1971年
棟居①：棟居快行「何の自己決定か？」初宿正典他著『いちばんやさしい憲法入門』

有斐閣アルマ，1996年
棟居②：棟居快行『憲法フィールドノート（第2版）』日本評論社，1998年
山田：山田卓生『私事と自己決定』日本評論社，1987年
和田：阿部照哉編『憲法教室』（和田進執筆）法律文化社，1994年

参考文献 ───────────────

赤坂正浩他著『基本的人権の事件簿　憲法の世界へ』有斐閣，1997年
朝雲新聞社編『平成10年版防衛ハンドブック』朝雲新聞社，1999年
芦部信喜『憲法学Ⅰ～Ⅲ』有斐閣，1992～98年
芦部信喜＝高橋和之『憲法判例百選（第三版）Ⅰ・Ⅱ』有斐閣，1994年
伊藤正己『憲法（第三版）』弘文堂，1995年
E・バーク著，鍋島能正訳『フランス革命論』理想社，1967年
浦部法穂『憲法学教室ⅠⅡ（新版）』日本評論社，1994～96年
榎原猛『君主制の比較憲法学的研究』有信堂，1969年
榎原猛他編著『論考　憲法学Ⅰ（統治機構）・Ⅱ（人権論）』嵯峨野書院，1996年
大石義雄『日本憲法史と日本国憲法』嵯峨野書院，1984年
大島稔彦＝加藤敏博『要点解説　地方自治』公職研，1999年
奥村文男他編著『国家・憲法・政治』嵯峨野書院，1993年
兼子仁＝磯野弥生編著『地方自治』学陽書房，1989年
川添利幸＝山下威士編『憲法詳論』尚学社，1993年
川村仁弘『自治行政1　地方自治制度』第一法規出版，1986年
K・レーベンシュタイン著，秋元律郎＝佐藤慶幸訳『君主制』みすず書房，1957年
熊本信夫『アメリカにおける政教分離の原則』北海道大学図書刊行会，1972年
栗城壽夫＝戸波江二編『憲法』青林書院，1995年
G・イエリネック著，芦部信喜他訳『一般国家学』学陽書房，1974年
国立国会図書館調査立法考査局『靖国神社問題資料集』1976年
小林孝輔＝芹沢斉編『基本法コンメンタール・憲法（第四版）』日本評論社，1997年
小林昭三『新憲法論・序説』成文堂，1996年
坂田期雄『地方分権へのシナリオ』ぎょうせい，1996年
佐々木惣一『改訂日本国憲法論』有斐閣，1971年
佐藤功『日本国憲法概説』学陽書房，1996年
佐藤功『君主制の研究』日本評論社，1957年
塩野宏『行政法Ⅲ』有斐閣，1995年

芝池義一『行政法総論講義（第2版）』有斐閣，1994年
初宿正典『憲法2』成文堂，1996年
田島信威『法令入門』法学書院，1998年
地方分権推進委員会事務局編『地方分権推進委員会第3次・第4次勧告』ぎょうせい，1997年
辻村みよ子『憲法』日本評論社，2000年
中村睦男『憲法30講（新版）』青林書院，1999年
長尾一紘『日本国憲法（第三版）』世界思想社，1997年
長野士郎『逐条地方自治法（第11次改訂版）』学陽書房，1995年
西修『よくわかる平成憲法講座』TBSブリタニカ，1995年
長谷部恭男『憲法』新世社，1997年
畑博行＝阪本昌成編『憲法フォーラム』有信堂，1994年
浜島正昭『最新図説　政経』浜島書店
浜林正夫他編著『世界の君主制』大月書店，1990年
樋口陽一他共著『注解法律学全集　憲法Ⅰ～Ⅲ』青林書院，1994～98年
樋口陽一＝野中俊彦編『憲法の基本判例（第二版）』有斐閣，1996年
樋口陽一『近代憲法学にとっての論理と価値』日本評論社，1994年
深田三徳『現代人権論』弘文堂，1999年
松井茂記『日本国憲法』有斐閣，1999年
宮田豊編『憲法講義』嵯峨野書院，1993年
宮沢俊義（芦部信喜補訂）『コンメンタール日本国憲法』日本評論社，1978年
百地章『憲法と政教分離』成文堂，1991年
山内敏弘編『日米新ガイドラインと周辺事態法』法律文化社，1999年
W・バジョット著，深瀬基寛訳『英国の国家構造』弘文堂，1967年
ロック著，生松敬三訳『寛容についての書簡』中央公論社，1993年

事項索引

あ行

- 朝日訴訟 …………………… 88
- アジア的人権論 ……………… 28
- 新しい人権 …………………… 32
- アファーマティヴ・アクション … 52
- 違憲審査権 ………………… 169
- 1項限定・2項全面放棄説 …… 110
- 1項全面放棄説 …………… 109
- 一般的自由権説 ……………… 33
- 違法性 ………………………… 98
- インフォームド・コンセント … 40
- 上乗せ条例 ………………… 182
- 営利的表現 …………………… 74
- 恵庭事件 …………………… 118
- 愛媛玉串料訴訟 ……………… 65
- 応報刑 ………………………… 98
- オウム真理教 ………………… 58
- 大阪靖国訴訟 ………………… 67
- 押し付け憲法論 …………… 188

か行

- 家庭裁判所 ………………… 168
- 簡易裁判所 ………………… 169
- 患者の自己決定権 …………… 40
- 間接効力説 …………………… 26
- 議員政党 …………………… 145
- 議院内閣制 ………………… 149
- 議院の権能 ………………… 140
- 議院の自立権 ……………… 140
- 議会主義的君主制 ………… 131
- 機会の平等 …………………… 47
- 機関委任事務の廃止 ……… 180
- 基本的人権主義 ……………… 14
- 行政権の意味 ……………… 156
- 行政控除説 ………………… 156
- 行政国家 …………………… 146
- 行政裁判所 ………………… 165
- 行政積極説 ………………… 156
- 行政部形成機能 …………… 135
- 行政部統制機能 …………… 135
- 協約憲法 ……………………… 8
- 近・現代的意味の憲法 ……… 6
- 均衡本質説 ………………… 149
- 欽定憲法 ……………………… 8
- 具体的権利説 ………………… 89
- 国の唯一の立法機関 ……… 136
- クーラー撤去事件 …………… 82
- 君主 ………………………… 124
- 形式的意味の憲法 …………… 5
- 形式的平等 …………………… 47
- 刑罰 …………………………… 98
- 結果の不平等 ………………… 47
- 検閲 …………………………… 79
- 健康で文化的な最低限度の生活を営む権利 ……………………… 86
- 元首 ………………………… 125
- 現代的意味での生存権 ……… 84
- 限定放棄説 ………………… 111
- 剣道受講拒否事件 …………… 61
- 憲法改正 …………………… 188
  - ——限界説 ……………… 194
  - ——手続 ………………… 191
  - ——無限界説 …………… 194
- 憲法の変遷 …………… 191, 197
- 憲法優位説 ………………… 10

硬性憲法 ……………………… 7	自衛力 …………………… 112
構成要件該当性 …………… 98	事故決定権 ………………… 30
公的行為 …………………… 129	自主憲法制定論 ………… 188
高等裁判所 ………………… 168	自然法思想 …………… 19, 45
幸福追求権 …………… 23, 31	事前抑制の禁止 …………… 79
極窮権 ……………………… 83	思想の自由市場 …………… 72
国際人権規約 ……………… 28	自治事務 ………………… 180
国事行為 …………………… 126	実質的意味の憲法 ………… 5
国政調査権 ………………… 140	実質的平等 ………………… 47
国民主権主義 ……………… 12	私的行為 ………………… 128
国民代表の観念 …………… 143	シビリアンコントロール … 113
国民統合の象徴 …………… 122	司法権 …………………… 165
国務大臣の権限 …………… 161	私法上の自己決定権 ……… 43
国務大臣の地位 …………… 155	司法制度改革審議会 …… 172
国連平和活動（PKO） …… 108	司法府の独立 …………… 171
国　家 ……………………… 3	社会権 …………………… 85
国会単位立法の原則 ……… 139	社会国家的基本権 ………… 85
国会中心立法の原則 ……… 138	自由委任 ………………… 143
国会の権能 ………………… 140	衆議院の優越 …………… 142
国権の最高機関 …………… 136	宗教法人法 ………………… 60
国権の発動たる戦争 ……… 109	終身刑 …………………… 102
固有権説 …………………… 177	集団的自衛権 …………… 114
	住民自治 ………………… 176
さ行	宗教的活動 ………………… 64
罪刑法定主義 ……………… 97	宗教的人格権 ……………… 65
最高規範性 ………………… 9	授権規範性 ………………… 8
最高裁判所 ………………… 167	消極的象徴論 …………… 123
裁判官の独立 ……………… 171	象徴機能 ………………… 124
裁判規範性 ………………… 15	象徴的表現 ………………… 74
裁判所 ……………………… 164	象徴侮辱罪 ……………… 123
差　別 ……………………… 51	承　認 …………………… 128
残虐な刑罰の禁止 ………… 94	情報公開 …………………… 75
三行為説 …………………… 129	条約憲法 …………………… 8
三審制 ………………… 167, 173	条約優位説 ………………… 10
自衛戦争 …………………… 108	条例制定権 ……………… 181
自衛のため必要最低限度の武力 …… 112	条例の制定改廃請求 …… 185

助言 …………………………128
知る権利 ………………………74
人格権 …………………………43
人格的価値保障説 ……………34
人格的自立権 …………………32
人権のインフレ化 ……………33
人権の制約 ……………………25
人権の享有主体 ………………23
臣民の権利 ……………………19
侵略戦争 ……………………108
砂川事件 ……………………120
生活保護法 ……………………90
政教分離 ………………………62
制限規範性 ………………………8
制裁戦争 ……………………108
政治活動 ………………………68
政治上の権力 …………………68
政治的美称説 ………………137
生存権 …………………………83
生存的基本権 …………………85
政党国家 ……………………145
制度的保障説 ………………177
政府の有権解釈 ……………112
成文憲法 …………………………7
責任本質説 …………………149
セクシュアル・ハラスメント…55
積極的差別解消策 ……………52
積極的象徴論 ………………123
絶対的平等 ……………………46
絶対的無輸血 …………………42
前文の効力 ……………………14
総合調整監督説 ……………137
相対的平等 ……………………46
相対的無輸血 …………………42

た行

大衆政党 ……………………145
泰西国法論 ………………………3
代表議会制 …………………143
代表機関 ……………………135
男女雇用機会均等法 …………54
男女雇用平等 …………………54
団体規制法 ……………………61
団体自治 ……………………176
地方議会 ……………………179
地方裁判所 …………………168
地方自治の本旨 ……………178
地方特別法制定 ……………184
地方分権推進一括法 ………186
チャタレイ事件 ………………70
抽象的権利説 …………………87
抽象的審査制 ………………169
長 ……………………………179
直接効力説 ……………………26
直接請求権 …………………184
津地鎮祭訴訟 …………………63
定住外国人 …………………183
伝来説 ………………………177
統治行為 ……………………165

な行

内閣
　――の権限 ………………156
　――の構成 ………………151
　――の責任 ………………162
内閣構成員の資格 …………155
内閣総理大臣の権限 ………159
内閣総理大臣の地位 ………151
内閣不信任決議 ……………151
長沼ナイキ訴訟 ……………119

永山事件……………………96
軟性憲法……………………7
二院制………………………141
二行為説……………………129
二重の基準論………………26, 78
日米防衛協力のための指針………115
人間的最低生活権…………………85
人間らしい生活……………………84

は行

陪審制………………………173
パターナリステックな制約……………30
八月革命説…………………195
犯　罪………………………98
半直接民主制………………144
非課税制度…………………68
百里基地訴訟………………119
表現の自由の優越的地位の理論……73
平等原則……………………48
　──の立法者拘束性………49
平等権………………………51
平賀書簡事件………………172
不敬罪………………………123
付随的審査制………………169
物品役務相互提供協定………108
不文憲法……………………7
武力による威嚇……………109
武力の行使…………………109
プログラム規定説…………87
平和主義……………………13, 106
包括的人権…………………23
法曹一元化…………………174

法定受託事務………………180
法的規範性…………………14
報道の自由…………………75
法の華三法行………………58
法の下の平等………………49

ま行

三菱樹脂事件………………27
民定憲法……………………8
明確性の基準………………80
明治憲法改正説……………195
明白かつ現在の危険の基準………80
命令的委任の禁止…………143
目的刑………………………98
目的効果基準………………64

や行

有責性………………………98
輸血拒否患者への無断輸血事件………41
横出し条例…………………182
より制限的でない他の選びうる手段
　の基準……………………80

ら行

立憲君主制…………………131
立憲主義……………………6
立法機関……………………134
立法の委任…………………139

わ行

ワイマール憲法……………84

コンパクト 憲法入門

2000年9月20日 第1版第1刷発行

編者 抱 喜久雄
        （かかえ）（きくお）

発行 不 磨 書 房
〒113-0033 東京都文京区本郷 6-2-9-302
TEL (03) 3813-7199
FAX (03) 3813-7104

発売 ㈱ 信 山 社
〒113-0033 東京都文京区本郷 6-2-9-102
TEL (03) 3818-1019
FAX (03) 3818-0344

制作：編集工房 INABA   印刷・製本／松澤印刷
© 著者, 2000, printed in Japan

ISBN4-7972-9228-8 C3332

みぢかな法学入門　慶應義塾大学名誉教授 石川 明 編　■2,500円

有澤知子（大阪学院大学）／神尾真知子（帝京平成大学）／越山和広（近畿大学）
島岡まな（亜細亜大学）／鈴木貴博（東北文化学園大学）／田村泰俊（東京国際大学）
中村壽宏（九州国際大学）／西山由美（東海大学）／長谷川貞之（駿河台大学）
松尾知子（京都産業大学）／松山忠造（山陽学園大学）／山田美枝子（大妻女子大学）
渡邊眞男（常磐大学短期大学）／渡辺森児（平成国際大学）

みぢかな民事訴訟法　慶應義塾大学名誉教授 石川 明 編　■2,800円

小田敬美（松山大学）／小野寺忍（山梨学院大学）／河村好彦（明海大学）
木川裕一郎（東海大学）／草鹿晋一（平成国際大学）／越山和広（近畿大学）
近藤隆司（白鷗大学）／坂本恵三（朝日大学）／椎橋邦雄（山梨学院大学）
中村壽宏（九州国際大学）／二羽和彦（高岡法科大学）／福山達夫（関東学院大学）
山本浩美（秋田経済法科大学）／渡辺森児（平成国際大学）

みぢかな商法入門　酒巻俊雄（早稲田大学）・石山卓磨（早稲田大学）編　■2,800円

秋坂朝則（佐野国際情報短期大学）／受川環大（岐阜経済大学）／王子田誠（東亜大学）
金子勲（東海大学）／後藤幸康（京都学園大学）／酒巻俊之（奈良産業大学）
長島弘（産能短期大学）／福045弥夫（武蔵野女子大学）／藤村知己（徳島大学）
藤原祥二（明海大学）／増尾均（東亜大学）／松崎良（東日本国際大学）／山城将美（沖縄国際大学）

ゼロからの民法（財産法編）　監修：松浦千誉・片山克行　■2,800円

片山克行（作新学院大学）／小西飛鳥（平成国際大学）／中村昌美（拓殖大学）
中山泰道（佐賀大学）／花房博文（杏林大学）／松浦聖子（十文字学園女子大学）
松浦千誉（拓殖大学）／村田彰（佐賀大学）／森田悦史（国士舘大学）

ゼロからの民法（家族法編）　監修：松浦千誉・片山克行　■2,800円

遠藤みち（税理士）／岡部喜代子（東洋大学）／片山克行（作新学院大学）
小石侑子（杏林大学）／河野のり代（明治大学）／中村昌美（拓殖大学）
永山榮子（共立女子大学）／中山泰道（佐賀大学）／松浦千誉（拓殖大学）
松山忠造（山陽学園大学）／村田彰（佐賀大学）／森田悦史（国士舘大学）

これからの家族の法（親族法編）　奥山恭子 著（帝京大学）　■1,600円

市民カレッジ◆知っておきたい 市民社会の法　会計検査院長 金子 晃 編著

石岡克俊（慶応義塾大学産業研究所）／山口由紀子（国民生活センター）　■2,400円

Invitation 法学入門　304頁　■2,800円

岡上雅美（新潟大学）／門広乃里子（実践女子大学）／船尾章子（龍谷大学）
降矢順子（玉川大学）／松田聰子（帝塚山学院大学）

発行：不磨書房／発売：信山社